글쓰기 꼬마 참고서

✦ 첫 문장부터 퇴고까지 ✦

글쓰기 꼬마 참고서

—— 지은이 김상우 ——

글의 재료 차고 넘쳐야 | 좋은 글을 쓰기 위해서는 글의 재료, 글감이 좋아야 한다. | 잘 들어야 잘 쓴다 | 인터뷰가 잘 되면 전체 글쓰기 작업의 7할은 끝났다고 봐도 된다. | 무엇을 쓸까? | 독창적인 내용, 새로운 형식, 사회적 파급력에서 이전의 글과 차별성이 있으면 새로운 것으로 내접받을 수 있다. | 틀을 생각하자 | 글의 구성, 구도를 잘 잡아야 한다. | 일단 쓰자 | 한 단어, 한 문장이라도 일단 쓰는 것이 중요하다. | 첫 문장이 리드한다 | 첫 문장이 중요하다. 독자를 사로잡아야 한다. | 짧을수록 명쾌하다 | 문장이 길면 독자가 내용을 파악하기 어렵다. | 접속어는 아껴쓰자 | 접속어가 많으면 문장의 흐름이 자연스럽지 못하고, 문장이 생기... 정확하게 | 내용이 충실하고 정확해야 글이 생명력을 갖는다. ... 쉽게 쓰려면 글을 쓰는 사람이 내용을 잘 이해해야 한다. ...지 말자 | 좋은 글을 쓴다는 명분을 내세워 지나치게 꾸미... ...해야 한다. | 함부로 베끼지 말자 | '정당한 범위'와 '공정...어나 무단으로 전재배포하거나 재배포하면 안 된다. | 퇴...| 퇴고의 핵심은 타인의 시선으로 내 글을 객관적 입장...것이다. | 문장은 흘러야 한다 | 간결함을 위해서 지나치게 ...면 문장이 딱딱해지고 뜻이 헷갈리기 쉽다. | 주어 따로, 서술어...로 | 식당에서 흔히 볼 수 있는 '붇은 셀프'라는 문장은 틀렸다. | ...장 구성 요소는 제 자리에 있어야 | 문장 요소를 ...뜨리지 않고 ...서에 맞게 배열해야 한다. | 단어와 구절의 급이 맞아야 | 단어를 열...거할 때는 같은 성격의 것으로, 구나 절을 나열할 때는 같은 구조...로. | 중복은 하품을 부른다 | 나왔던 단어가 또 나오면 글의 신선도...는 떨어지고 독자는 지루함을 느낀다. | '들'이 없어서 좋을 때가 많다 | '들'이 없어도 괜찮 때는 빼는 것이 좋다. | 소심한 피동형 | 피동형은 힘이 없어 보이고 부자연스러울 때가 많다. | 파견근무가 이루어지다니? | '-어지다' 유형의 문장을 피하자. '이루는 것과 어긋리지 않을 말을 함께 사용하면 어색하다. | 시키지 말고 하자 | '-하다'면 충분할 자리에 '-시키다'를 쓰는 경우가 많다. | 어제 밥을 먹었다고? | 한국어는 시제 형식이 영어처럼 엄격하지는 않다. 그렇다고 아무렇게나 써서는 안 된다. | '다르다'와 '틀리다'는 다르다 | '다르다'는 '같지 않다'는 뜻이고, '틀리다'는 '맞지 않다'는 뜻이다. | '이르다'와 '빠르다'는 다르다 | '이르다'는 '대중이나 기준을 삼은 때보다 앞서거나 빠르다'이다. 이에 반해 '빠르다'는 '움직이는 속도가 보통보다 큰 것을 나타냄'이다. | 많이 '가지면' 탈이 난다 | 영어 have 동사의 영향 때문인지 '가지다'를 남용한다. | 받을 때도 조심해서 받자 | '발급받다', '수여받다' 동의 동사에는 '받다'의 의미가 이미 들어 있다. | 헤프게 '주지' 말자 | 지금, 부여, 반환 에는 '주다'의 뜻이 포함되어 있다. | 접하다, 통하다, 펼치다 | 쓰임...래 단어를 지나치게 포괄적으로 사용하면 글이 단조로워지기 쉽다. | '멋대로 동사'들을 어찌할까 | 명사

뒤에 '하다'를 갖다 붙이기만 하면 동사가 될까? '하다'를 붙이면 어색한 단어가 있다. | 한자어를 쓰면 권위가 있어 보인다? | 한자어를 잘못 사용하면 글이 딱딱해지거나 의미가 달라진다. | 사자성어, 알고 쓰자 | 사자성어를 잘 쓰면 구구절절 설명할 필요 없이 상황이나 뜻을 전달할 수 있다. | '유명세'는 타는 것이 아니다 | '유명세'는 유명해져서 당하는 불편을 말한다. | 60대 여성이 재원? | 인물을 모시하거나 설명할 때는 나이와 성별에 적합한 단어를 써야 한다. | 지원자가 서류를 '접수'한다? | 주체의 서술어의 관계를 파악해 정확하게 사용해야 한다. | 공무원도 모르는 '관공서 용어' | 쉬운 단어가 있음에도 관공서에서는 종종 어렵고 딱딱한 표현을 고집한다. | '피고'와 '피고인'은 같은 사람? | 법률용어, 의학용어는 일반인이 이해하기 어려운 것이 수두룩하다. | '화(化)'를 조화롭게 쓰려면 | '-화하다'를 붙일 수 없는 명사가 있다. | '여부(與否)'는 '여분(餘分)'이다 | 여부는 '그러함과 그렇지 않음'이다. '-인지, -ㄹ지' 뒤에 오는 '여부'의 십당수는 군더더기이다. | 주인공과 장본인 | 주인공은 좋은 일의 중심인물을 가리킨다. 이에 반해 장본인은 부정적인 의미로 사용된다. | 관계자를 줄이자 | 기사에서 실명을 밝히지 않고 '관계자'로 표시하는 경우가 많다. | 단행, 돌입, 전격 | 강하고 자극적인 표현이 효과적이라고 생각하지만 쉽게 반복되면 글이 길어지고 품위가 없어 보인다. | 숫자는 말썽꾸러기 | 숫자...된 표현은 글을 쓴 사람 이외에는 잘못을 찾아내기 쉽지 않...표 뒤쪽을 잘 살피자 | '3~40만 원'이라고 적으면 '3만...을 의미한다. '30만~40만 원'이 아니다. | '부터'와 '까...부터'는 어떤 일이나 상태 따위에 관련된 범위의 시작...다. 뒤에 끝을 나타내는 '까지'가 와서 짝을 이루...는 '...있어서' 불편할 때가 있다 | '~에 있어서는 일...에 따라 '~은, ~는, ~를' 등으로 바꾸면 깔끔 자...면스럽... 영시, 또 잉글리시 | 영어를 쓸 때 쓰더라도 정도...껏 써야 한... 스러운 작은따옴표 | 작은따옴표가 많으면 글이 호들갑스러워진다. 있어도 되고 없어도 되면 없는 것이 더 좋다. | '화제'와 '눈길'을 강요하지 말라 | 화제니 눈길 같은 표현은 독자의 소매를 끌어당기며 호객행위를 하는 것이니. | 너무 흔한 '너무' | '너무'는 부정적인 의미의 문맥과 더 어울리는 단어다. | '더 이상은 없다 | '더 이상'을 '더는' 혹은 '더로 바꾸는 편이 좋다. | 조금은 '덜 개인적'으로 | 글쓰기와 말하기는 필자와 화자의 생각을 드러내는 행위이다. | 모처럼만에 우연찮게 | '모처럼'은 자체가 '마주(일껏) 오래간만에' 바로고 벌러서 처음으로라는 뜻이니 '만에'를 덧붙일 필요가 전혀 없다. | 유행어·신조어는 한철 | 유행어에는 유머와 ... 녹아 있다. 그러나 많이 쓰면 글의 품위가 떨어진다. ...이 가벼워진다. | 배려하는 마음 가져야 | 우리가 일상적으로 사용하는 표현 가운데 다른 사람을 비하하거나 차별하는 언어가 많다.

페이퍼로드
paperroad

머리말

누구나 기자·작가인 시대가 됐다. 전시회를 다녀오거나 영화를 본 후 글을 써서 블로그에 생각을 표현하는 일이 새삼스럽지 않다. 여행이나 직장에서의 경험 등을 기록해 여러 사람과 공유하는 일도 흔하다. 글쓰기의 소재는 무궁무진하다. 음식, 운동, 건강, 재테크 등 소소하고 사적인 내용을 글로 표현한다. 두툼한 자서전이나 회고록을 집필하는 사람도 주변에서 더러 볼 수 있다. 이제 글쓰기는 기자, 작가, 교수 등 특정 직업에 종사하는 사람만의 활동이 아니다.

글쓰기는 자신을 표현하려는 욕망에서 시작된다. 특히 인터넷이나 사회관계망서비스SNS는 글쓰기의 욕망을 부추겨 글쓰기를 일상생활로 만들었다. 노트북이나 휴대전화 메모장만 있으면 공간의 제약을 받지 않고 자신의 생각을 글로 옮겨 쉽게 여러 사람에게 전달할 수 있다. 글을 쓰고 표현하기 위한 물리적인 제한이 느슨해진 것이다. 이제 중요한 것은 글을 잘 쓰는 일이다.

좋은 글이란 독자에게 쉽게 의미를 전달할 수 있는 문장이다. 자신이 생각한 것을 진솔하게, 자연스럽게 쓰면 된다. 말이 그렇지 실제는 쉽지 않다. 운동을 하거나 운전을 할 때 옆에 있는 사람이 힘을 빼라고 조언하는데 정작 초보자는 어깨에 힘이 더 들어가는 것과 비슷하다. 노트북을 펼치고 첫 줄을 쓰지 못해 끙끙대기 일쑤다. 머릿속에는 이런저런 생각이 무성하지만 글로 옮기기가 쉽지 않다. 써 내려가면서도 혹시 잘못된 것이 없는지 걱정한다.

《글쓰기 꼬마 참고서》는 힘 빼고 자연스럽게 글을 쓰는 것에 초점을 맞추고 있다. 서툴지만 잘 쓰고 싶어 하는 글쓰기 초보자의 심정을 책 곳곳에 반영했다. 이 책의 내용을 잘 알고 기억하면 글쓰기가 쉬워질 것이다. 수영의 호흡법에 비유할 수 있다. 호흡하는 방법을 알고 나면 어느 영법泳法을 하더라도 두려움이 없다.

글쓰기를 다루는 책은 대개 대학생 수준의 눈높이에 맞춰져 있다. 이 책은 중학생이면 이해할 수 있다는 것이 특징이다. 문법을 어렵게 설명하지 않고 신문이나 잡지의 기사, 보도자료, 안내판 등 우리 주변에서 볼 수 있는 문장을 사례로 들었다. 초보 기자뿐만 아니라 기자·PD·작가를 꿈꾸는 대학생, 홍보·광고 분야 종사자, 글쓰기가 취미인 사람 등 누구나 가까이 두고 필요할 때마다 펼쳐본다면 도움이 될 것이라고 확신한다.

이 책은 10년 전 출판한《글쓰기 공포 탈출하기》에서 거친 부분을 다듬고 부족한 점을 보탰다. 글을 잘 쓰기 위해 꼭 알아야 할 원칙을 추가했다. 책의 원재료는 중앙일보 기자들 사이에서 전해 내려오던 '족보'다. 기사의 완성도를 높이기 위해 선배 기자가 후배 기자에게 강조하는 것을 모아 놓은 지침서다. 그런 의미에서 이 책은 여러 기자의 합작품이라고 할 수 있다.

책이 나올 수 있도록 격려해 주신 도서출판 페이퍼로드 최용범 대표와 편집을 맡아 수고를 아끼지 않은 박승리 편집자께 감사의 말씀을 드린다.

차 례

머리말 ⋯ 5

용어설명 ⋯ 20

✦ 1부 ✦
글쓰기

01 글의 재료 차고 넘쳐야 ⋯ 27

좋은 글을 쓰기 위해서는 글의 재료, 글감이 좋아야 한다.
현장취재와 독서는 글의 재료를 모으는 대표적인 방법이다.

02 잘 들어야 잘 쓴다 ⋯ 31

인터뷰가 잘 되면 전체 글쓰기 작업의 7할은 끝났다고
봐도 된다. 인터뷰에는 말하는 사람의 말투와 억양, 분위기,
표정은 물론 주변 상황까지 녹아 있다.

03 무엇을 쓸까? ··· 34

새로운 것을 써야 독자가 관심을 갖는다. 내용, 형식,
파급력에서 이전의 글과 차별성이 있으면 새로운 것으로
대접받을 수 있다.

04 틀을 생각하자 ··· 36

집을 잘 짓기 위해서는 기둥과 대들보를 잘 세워야 한다.
글쓰기도 이와 비슷하다. 글의 구성, 구도를 잘 잡아야 한다.

05 일단 쓰자 ··· 38

한 단어, 한 문장이라도 일단 쓰는 것이 중요하다. 글이 나를
끌고 간다. 글이 이끄는 마법의 힘을 믿고 따라가자.

06 첫 문장이 리드한다 ··· 41

첫 문장이 중요하다. 독자를 사로잡아야 한다. 글 전체의
분위기를 좌우하고 방향을 잡는 역할을 한다.

07 짧을수록 명쾌하다 ··· 45

문장이 길면 독자가 내용을 파악하기 어렵다. 장황하고
화려한 수식어 속을 헤매다 의미를 놓친다.

08 접속어는 아껴쓰자 ⋯ 50

접속어가 많으면 문장의 흐름이 자연스럽지 못하고,
문장이 생기를 잃는다. 불필요한 접속어는 문장의
윤활유가 아니라 군더더기다.

09 정확하게 ⋯ 53

내용이 충실하고 정확해야 글이 생명력을 갖는다.
아름다운 것은 부차적인 문제다.

10 쉽게 ⋯ 56

쉽게 쓰려면 글을 쓰는 사람이 내용을 잘 이해해야 한다.
어려운 것을 쉽게 풀어내는 사람이 고수다.

11 너무 꾸미지 말자 ⋯ 58

좋은 글을 쓴다는 명분을 내세워 지나치게 꾸미는 것을
경계해야 한다. 형용사와 부사를 많이 쓰면 진정성이
가려진다.

12 함부로 베끼지 말자 ⋯ 61

'정당한 범위'와 '공정한 관행'을 벗어나 무단으로
전재轉載하거나 재배포하면 안 된다. 표절은 범죄다.

13 퇴고는 필수 ··· 63

퇴고의 출발점은 타인의 시선으로 내 글을 객관적 입장에서
읽는 것이다. 한 걸음 물러서서 여유를 갖고 보자.

✦ 2부 ✦
글 바루기

14 문장은 흘러야 한다 ··· 69

간결함을 위해서 지나치게 응축하면 문장이 딱딱해지고 뜻이
헷갈리기 쉽다. 강물이 흐르듯, 문장도 흘러야 자연스럽다.

15 주어 따로, 서술어 따로 ··· 73

식당에서 흔히 볼 수 있는 '물은 셀프'라는 문장은 틀렸다.
주어와 서술어가 일치하지 않는다.

16 문장 구성 요소는 제 자리에 있어야 ··· 78

문장 요소를 빠뜨리지 않고 순서에 맞게 배열해야 한다.
수식어는 수식을 받는 말 가까이 있어야 의미가 정확하게
전달된다.

17 단어와 구절의 급이 맞아야 ··· 82

단어를 열거할 때는 같은 성격의 것으로, 구나 절을
나열할 때는 같은 구조로. 그래야 문장에 리듬감이 생긴다.

18 중복은 하품을 부른다 ··· 85

좋은 얘기도 자꾸 들으면 싫증이 난다. 조금 전에 나왔던
단어가 또 나오면 글의 신선도는 떨어지고 독자는
지루함을 느낀다.

19 '들'이 없어서 좋을 때가 많다 ··· 89

'들'이 없어도 좋을 때는 빼는 것이 좋다. 문맥상 복수임을
짐작할 수 있거나, 다른 어휘로 복수라는 것을 알 수 있을 때.

20 소심한 피동형 ··· 93

피동형은 힘이 없어 보이고 부자연스러울 때가 많다.
가급적 능동형을 사용하여 문장에 활기를 불어넣자.

21 파견근무가 이루어지다니? ··· 97

'–어지다' 유형의 문장을 피하자. '이루는' 것과 어울리지
않는 말을 함께 사용하면 어색하다.

22 시키지 말고 하자 ··· 100

'-하다'면 충분할 자리에 '-시키다'를 쓰는 경우가 많다.
'-시키다' 문장에는 행위를 하는 다른 주체가 있어야 한다.

23 어제 밥을 먹었었다고? ··· 104

한국어는 시제 형식이 영어처럼 엄격하지는 않다.
그렇다고 아무렇게나 써서는 안 된다. 독자에게 혼동을
주지 않아야 한다.

24 '다르다'와 '틀리다'는 다르다 ··· 111

'다르다'는 '같지 않다'는 뜻이고, '틀리다'는 '맞지 않다'는
뜻이다. '다르다'를 쓸 자리에 '틀리다'를 쓰는 경우가 많다.

25 '이르다'와 '빠르다'는 다르다 ··· 114

'이르다'는 '대중이나 기준을 잡은 때보다 앞서거나 빠르다'
이다. 이에 반해 '빠르다'는 '움직이는 속도가 보통보다
큰 것을 나타냄'이다

26 많이 '가지면' 탈이 난다 ··· 119

영어 have 동사의 영향 때문인지 '가지다'를 남용한다.
'가지다'를 다른 동사로 바꾸면 글이 풍요로워진다.

27 받을 때도 조심해서 받자 ··· 122

'발급받다', '수여받다' 등의 동사에는 '받다'의 의미가
이미 들어 있다. 그냥 '받다'면 충분하다.

28 헤프게 '주지' 말자 ··· 126

'제공, 부여, 반환'에는 '주다'의 뜻이 포함되어 있다.
'~해 주다' 문구가 사실상 중복표현인 경우가 많다.

29 접하다, 통하다, 펼치다 ··· 130

쓰임새가 다양한 단어를 지나치게 포괄적으로 사용하면
글이 단조로워지고 본래의 의미에서 벗어나기 쉽다.

30 '멋대로 동사'들을 어찌할까 ··· 135

명사 뒤에 '하다'를 갖다 붙이기만 하면 동사가 될까?
'하다'를 붙이면 어색한 단어가 있다.

31 한자어를 쓰면 권위가 있어 보인다? ··· 138

한자어를 쓰면 풍부하고 다양하게 표현할 수 있다.
잘못 사용하면 글이 딱딱해지거나 의미가 달라진다.

32 사자성어, 알고 쓰자 ··· 142

옥석구분, 삼수갑산, 점입가경, 타산지석….
사자성어를 잘 쓰면 구구절절 설명할 필요 없이
상황이나 뜻을 전달할 수 있다.

33 '유명세'는 타는 것이 아니다 ··· 146

'유명세'는 유명해져서 당하는 불편을 말한다.
부정적 의미로 사용해야 한다.

34 60대 여성이 재원? ··· 150

인물을 묘사하거나 설명할 때는 나이와 성별에
적합한 단어를 써야 한다. 자칫하면 틀리기 쉽다.

35 지원자가 서류를 '접수'한다? ··· 153

접수, 임대, 자문 따위는 행위의 주체를 착각하기 쉬운
단어다. 주체와 서술어의 관계를 파악해 정확하게
사용해야 한다.

36 공무원도 모르는 '관공서 용어' ··· 156

게첨, 투기, 척사, 양정, 답압…. 쉬운 단어가 있음에도
관공서에서는 종종 어렵고 딱딱한 표현을 고집한다.
읽는 사람을 배려하지 않는 것이다.

37 '피고'와 '피고인'은 같은 사람? ··· 159

법률용어, 의학용어는 일반인이 이해하기 어려운 것이
많다. 정확히 써야 의사소통이 된다.

38 '화化'를 조화롭게 쓰려면 ··· 164

'-화하다'를 붙일 수 없는 명사가 있다.
'-하다'를 붙여 형용사가 되는 말이 그렇다.

39 '여부與否'는 '여분餘分'이다 ··· 167

여부는 '그러함과 그렇지 않음'이다. '-인지, -ㄹ지'
뒤에 오는 '여부'의 상당수는 군더더기이다.

40 주인공과 장본인 ··· 170

주인공은 좋은 일의 중심인물을 가리킨다.
이에 반해 장본인은 부정적인 의미로 사용된다.

41 관계자를 줄이자 ··· 173

기사에서 실명을 밝히지 않고 '관계자'로 표시하는 경우가
많다. 독자는 '관계자'가 누구인지 궁금하다.

42 단행, 돌입, 전격 ⋯ 176

강하고 자극적인 표현이 효과적이라고 생각하기 쉽지만
반복되면 글이 거칠어지고 품위가 없어 보인다.

43 숫자는 말썽꾸러기 ⋯ 181

숫자와 관련된 표현은 글을 쓴 사람 이외에는 잘못을 찾아
내기 쉽지 않다. 자신 없으면 숫자를 쓰지 않는 편이 좋다.

44 물결표 뒤쪽을 잘 살피자 ⋯ 194

'3∼40만 원'이라고 적으면 '3원∼40만 원'을 의미한다.
'30만∼40만 원'이 아니다.

45 '부터'와 '까지'의 함정 ⋯ 198

'부터'는 어떤 일이나 상태 따위에 관련된 범위의 시작을
나타내는 보조사다. 뒤에 끝을 나타내는 '까지'가 와서
짝을 이루는 것이 보통이다.

46 '있어서' 불편할 때가 있다 ⋯ 203

'∼에 있어서'는 일본어 잔재다. 맥락에 따라 '∼은, ∼는,
∼를' 등으로 바꾸면 훨씬 자연스럽다.

47 잉글리시, 또 잉글리시 ··· 207

영어를 쓸 때 쓰더라도 정도껏 써야 한다.
글을 읽는 사람이 무슨 뜻인지 모르는 표현이 너무 많다.

48 호들갑스러운 작은따옴표 ··· 211

작은따옴표가 많으면 글이 호들갑스러워진다.
있어도 되고 없어도 되면 없는 것이 더 좋다.

49 '화제'와 '눈길'을 강요하지 말라 ··· 215

'화제'나 '눈길' 같은 표현은 독자의 소매를 끌어당기며
호객행위를 하는 것이다. 좋은 글은 독자가 알아본다.

50 너무 흔한 '너무' ··· 218

'너무'는 긍정적인 서술어와도 쓸 수 있다.
그러나 부정적인 의미의 문맥과 더 어울린다.

51 '더 이상'은 없다 ··· 220

'더 이상'을 '더는' 혹은 '더'로 바꾸는 편이 좋다.

52 조금은 '덜 개인적'으로 ··· 222

글쓰기와 말하기는 필자와 화자의 생각을 드러내는 행위이다.
주어를 생략하는 것이 보통이다. 보거나 듣는 사람이
누구의 말인지 분명하게 알기 때문이다.

53 모처럼만에 우연찮게 ··· 225

'모처럼' 자체가 '아주(일껏) 오래간만에', '벼르고 별러서
처음으로'라는 뜻이니 '만에'를 덧댈 필요가 전혀 없다.

54 유행어·신조어는 한철 ··· 227

유행어에는 유머와 재치가 녹아 있다. 그러나 많이 쓰면
글의 품위가 떨어진다. 글이 가벼워진다.

55 배려하는 마음 가져야 ··· 230

우리가 일상적으로 사용하는 표현 가운데 다른 사람을
비하하거나 차별하는 언어가 많다.

맺음말   글은 여운을 남겨야 한다 ··· 233

참고 문헌 ··· 235

구 句

둘 이상의 단어가 모여 하나의 문장성분을 이루는 언어 단위다. 주어와 서술어의 관계를 맺지 않은 단어의 모임이다. 절이나 문장의 일부분을 이루며 명사구, 동사구, 형용사구, 관형사구, 부사구 등으로 나뉜다.

- 이 책은 어렵다.('이 책은'이 명사구)
- 이 수박은 아주 크다.('아주 크다'는 형용사구)
- 철수는 아주 열심히 산다.('아주 열심히'는 부사구)

절 節

둘 이상의 단어가 모여 하나의 문장성분으로 기능한다는 점에서는 구와 같다. 그러나 주어와 서술어의 관계(주술관계)를 맺고 있다는 점에서 다르다. 독립하여 쓰이지 못하고 다른 문장의 한 성분으로 쓰인다. 명사절, 관형절, 부사절, 인용절, 서술절 등으로 나뉜다.

문장 文章

생각이나 감정을 말·글로 표현할 때 하나의 완결된 뜻을 나타내는 기본 단위이다. 주어와 서술어를 갖추고 있는 것이 원칙이지만 생략될 수도 있다. 서술, 물음, 명령, 감탄 등의 형식을 띤다. 글의 경우, 문장 끝에 '.' '?' '!' 등의 부호를 찍는다.

체언 體言

조사의 도움을 받아 문장에서 주어 따위의 기능을 하는 명사, 대명사, 수사를 통틀어 말한다.

용언 用言

문장에서 서술어의 기능을 하는 동사, 형용사를 가리킨다. 상황에 따라 다양하게 형태를 변화시켜 사용할 수 있다. 문장에서의 쓰임에 따라 본용언과 보조용언으로 나눈다. 본용언은 문장의 주체를 주되게 서술하면서 보조용언의 도움을 받는 용언이다. 보조용언은 본용언의 뜻을 보충하는 역할을 한다.

- 나는 사과를 먹어 버렸다.('먹어'는 본용언, '버렸다'는 보조용언)
- 어머니를 도와드리다. ('도와'는 본용언, '드리다'는 보조용언)

동사動詞

사물의 동작이나 작용을 나타내는 품사이다. 형용사, 서술격 조사 '-이다'와 함께 활용하며, 그 뜻과 쓰임에 따라 본동사와 보조 동사, 성질에 따라 자동사와 타동사, 어미의 변화 여부에 따라 규칙 동사와 불규칙 동사로 나뉜다.

형용사形容詞

사물의 성질이나 상태를 나타내는 품사. 활용할 수 있어 동사와 함께 용언에 속한다. 동작을 의미하는 어미와 결합하면 동사이고, 결합할 수 없으면 형용사이다.

서술어敍述語

주어의 움직임, 상태, 성질 따위를 서술하는 말이다. '철수가 웃는다.'에서 '웃는다', '철수는 점잖다.'에서 '점잖다', '철수는 학생이다.'에서 '학생이다'와 같이 주로 동사, 형용사, 서술격 조사의 종결형으로 나타난다.

단문 單文

주어와 서술어의 관계가 하나인 문장으로, 홑문장이라고도 한다.

- ■ 그가 얼굴에 미소를 띄었다.
- ■ 하늘이 높다.

복문 複文

주어와 서술어의 관계가 두 개 이상인 문장을 말한다. 한 개의 절이 다른 문장 속에 한 성분으로 들어가 있거나, 둘 이상의 절이 서로 이어져 여러 겹으로 된 문장이다. 겹문장이라고도 한다,

- ■ 철수가 운동에 소질이 있음이 밝혀졌다.
- ■ 철수는 영어를 잘하고 영희는 프랑스어를 잘한다.

글의 재료 차고 넘쳐야 | 좋은 글을 쓰기 위해서는 글의 재료, 글감이 좋아야 한다. | **잘 들어야 잘 쓴다** | 인터뷰가 잘 되면 전체 글쓰기 작업의 7할은 끝났다고 봐도 된다. | **무엇을 쓸까?** | 독창적인 내용, 새로운 형식, 사회적 파급력에서 이전의 글과 차별성이 있으면 새로운 것으로 대접받을 수 있다. | **틀을 생각하자** | 글의 구성, 구도를 잘 잡아야 한다. | **일단 쓰자** | 한 단어, 한 문장이라도 일단 쓰는 것이 중요하다. | **첫 문장이 리드한다** | 첫 문장이 중요하다. 독자를 사로잡아야 한다. | **짧을수록 명쾌하다** | 문장이 길면 독자가 내용을 파악하기 어렵다. | **접속어는 아껴쓰자** | 접속어가 많으면 문장의 흐름이 자연스럽지 못하고, 문장이 생기를 잃는다. | **정확하게** | 내용이 충실하고 정확해야 글이 생명력을 갖는다. | **쉽게** | 쉽게 쓰려면 글을 쓰는 사람이 내용을 잘 이해해야 한다. | **너무 꾸미지 말자** | 좋은 글을 쓴다는 명분을 내세워 지나치게 꾸미는 것을 경계해야 한다. | **함부로 베끼지 말자** | '정당한 범위'와 '공정한 관행'을 벗어나 무단으로 전재轉載하거나 재배포하면 안 된다. | **퇴고는 필수** | 퇴고의 출발점은 타인의 시선으로 내 글을 객관적 입장에서 읽는 것이다. | **문장은 흘러야 한다** | 간결함을 위해서 지나치게 응축하면 문장이 딱딱해지고 뜻이 헛갈리기 쉽다. | **주어 따로, 서술어 따로** | 식당에서 흔히 볼 수 있는 '물은 셀프'라는 문장은 틀렸다. | **문장 구성 요소는 제 자리에 있어야** | 문장 요소를 빠뜨리지 않고 순서에 맞게 배열해야 한다. | **단어와 구절의 급이 맞아야** | 단어를 열거할 때는 같은 성격의 것으로, 구나 절을 나열할 때는 같은 구조로. | **중복은 하품을 부른다** | 나왔던 단어가 또 나오면 글의 신선도는 떨어지고 독자는 지루함을 느낀다. | **'들'이 없어서 좋을 때가 많다** | '들'이 없어도 좋을 때는 빼는 것이 좋다. | **소심한 피동형** | 피동형은 힘이 없어 보이고 부자연스러울 때가 많다. | **파견근무가 이루어지다니?** | '−어지다' 유형의 문장을 피하자. '이루는' 것과 어울리지 않는 말을 함께 사용하면 어색하다. | **시키지 말고 하자** | '−하다'면 충분할 자리에 '−시키다'를 쓰는 경우가 많다. | **어제 밥을 먹었었다고?** | 한국어는 시제 형식이 영어처럼 엄격하지는 않다. 그렇다고 아무렇게나 써서는 안 된다. | **'다르다'와 '틀리다'는 다르다** | '다르다'는 '같지 않다'는 뜻이고, '틀리다'는 '맞지 않다'는 뜻이다. | **'이르다'와 '빠르다'는 다르다** | '이르다'는 '대중이나 기준을 잡은 때보다 앞서거나 빠르다'이다. 이에 반해 '빠르다'는 '움직이는 속도가 보통보다 큰 것을 나타냄'이다. | **많이 '가지면' 탈이 난다** | 영어 have 동사의 영향 때문인지 '가지다'를 남용한다. | **받을 때도 조심해서 받자** | '발급받다', '수여받다' 등의 동사에는 '받다'의 의미가 이미 들어 있다. | **헤프게 '주지' 말자** | '제공, 부여, 반환'에는 '주다'의 뜻이 포함되어 있다. | **접하다, 통하다, 펼치다** | 쓰임새가 다양한 단어를 지나치게 포괄적으로 사용하면 글이 단조로워지고 본래의 의미에서 벗어나기 쉽다. | **'멋대로 동사'들을 어찌할까** | 명사

뒤에 '하다'를 갖다 붙이기만 하면 동사가 될까? '하다'를 붙이면 어색한 단어가 있다. | **한자어를 쓰면 권위가 있어 보인다?** | 한자어를 잘못 사용하면 글이 딱딱해지거나 의미가 달라진다. | **사자성어, 알고 쓰자** | 사자성어를 잘 쓰면 구구절절 설명할 필요 없이 상황이나 뜻을 전달할 수 있다. | **'유명세'는 타는 것이 아니다** | '유명세'는 유명해져서 당하는 불편을 말한다. | **60대 여성이 재원?** | 인물을 묘사하거나 설명할 때는 나이와 성별에 적합한 단어를 써야 한다. | **지원자가 서류를 '접수'한다?** | 주체와 서술어의 관계를 파악해 정확하게 사용해야 한다. | **공무원도 모르는 '관공서 용어'** | 쉬운 단어가 있음에도 관공서에서는 종종 어렵고 딱딱한 표현을 고집한다. | **'피고'와 '피고인'은 같은 사람?** | 법률용어, 의학용어는 일반인이 이해하기 어려운 것이 수두룩하다. | **'화(化)'를 조화롭게 쓰려면** | '−화하다'를 붙일 수 없는 명사가 있다. | **'여부(與否)'는 '여분(餘分)'이다** | 여부는 '그러함과 그렇지 않음'이다. '−인지, −ㄹ지' 뒤에 오는 '여부'의 상당수는 군더더기이다. | **주인공과 장본인** | 주인공은 좋은 일의 중심인물을 가리킨다. 이에 반해 장본인은 부정적인 의미로 사용된다. | **관계자를 줄이자** | 기사에서 실명을 밝히지 않고 '관계자'로 표시하는 경우가 많다. | **단행, 돌입, 전격** | 강하고 자극적인 표현이 효과적이라고 생각하기 쉽지만 반복되면 글이 거칠어지고 품위가 없어 보인다. | **숫자는 말썽꾸러기** | 숫자와 관련된 표현은 글을 쓴 사람 이외에는 잘못을 찾아내기 쉽다. | **물결표 뒤쪽을 잘 살피자** | '3∼40만 원'이라고 적으면 '3원∼40만 원'을 의미한다. '30만∼40만 원'이 아니다. | **'부터'와 '까지'의 함정** | '부터'는 어떤 일이나 상태 따위에 관련된 범위의 시작을 나타내는 보조사다. 뒤에 끝을 나타내는 '까지'가 와서 짝을 이루는 것이 보통이다. | **'있어서' 불편할 때가 있다** | '∼에 있어서'는 일본어 잔재다. 맥락에 따라 '∼은, ∼는, ∼를' 등으로 바꾸면 훨씬 자연스럽다. | **잉글리시, 시 잉글리시** | 영어를 쓸 때 쓰더라도 정도껏 써야 한다. | **호들갑스러운 작은따옴표** | 작은따옴표가 많으면 글이 호들갑스러워진다. 있어도 되고 없어도 되면 없는 것이 더 좋다. | **'화제'와 '눈길'을 강요하지 말라** | '화제'나 '눈길' 같은 표현은 독자의 소매를 끌어당기며 호객행위를 하는 것이다. | **너무 흔한 '너무'** | '너무'는 부정적인 의미의 문맥과 더 어울리는 단어다. | **'더 이상'은 없다** | '더 이상'을 '더는' 혹은 '더로' 바꾸는 편이 좋다. | **조금은 '덜 개인적'으로** | 글쓰기와 말하기는 필자와 화자의 생각을 드러내는 행위이다. | **모처럼만에 우연찮게** | '모처럼' 자체가 '아주(퍽) 오래간만에', '벼르고 별러서 처음으로'라는 뜻이니 '만에'를 덧댈 필요가 전혀 없다. | **유행어·신조어는 한철** | 유행어에는 유머와 재치가 녹아 있다. 그러나 많이 쓰면 글의 품위가 떨어진다. 글이 가벼워진다. | **배려하는 마음 가져야** | 우리가 일상적으로 사용하는 표현 가운데 다른 사람을 비하하거나 차별하는 언어가

1부

글쓰기

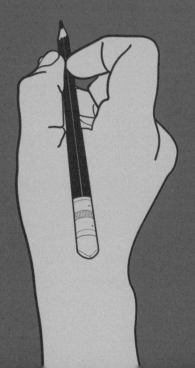

01

글의 재료
차고 넘쳐야

좋은 글을 쓰기 위해서는 글의 재료, 글감이 좋아야 한다.
현장취재와 독서는 글의 재료를 모으는 대표적인 방법이다.

원고지 7장, 마감 시간까지 남은 시간은 2시간.

일필휘지에 끝내겠다는 생각으로 컴퓨터 앞에 앉는다. 초반에는 기세 좋게 나간다. 중반을 넘어 클라이맥스를 향해 한참 피치를 올리려는 순간 힘이 달린다. 불을 계속 지펴야 하는데 화력이 뒷받침되지 않는다. 더 쓸거리가 없다. 남은 재료가 있는지 찾기 위해 취재수첩을 몇 번이나 뒤적인다.

글쓰기는 요리에 비유할 수 있다. 좋은 음식을 만들려면 식재료가 좋아야 하듯 좋은 글을 쓰기 위해서는 글의 재료, 글감이 좋아야 한다. 음식 재료가 다양하지 못하고, 신선하지 못하면 좋은 요리가 나올 수 없다. 《한비자韓非子》의 〈오두편五蠹篇〉에 '장수선무 다전선고長袖

善舞 多錢善買'라는 구절이 있다. 소매가 길면 춤을 잘 추고, 돈이 많으면 장사를 잘한다는 말이다. 글쓰기에서 소매·돈에 해당하는 것이 글의 재료다.

글을 쓸 때 100개의 재료가 필요하다면 110~120개를 준비해야 한다. 남는 것을 버리겠다는 생각으로 시작해야 한다. 90개로 100개를 만들겠다고 생각하면 안 된다. 글이 완성되기 전에 밑천이 바닥나 내용이 중복되고, 앞으로 나가지 못한다.

글쓰기는 글의 재료 가운데 필요한 것을 선택해 논리적으로 연결하는 작업이다. 우리가 보고 듣고 기억하는 모든 것이 글쓰기의 재료가 된다. 글쓰기를 위해서는 글의 재료, 글감을 평소에 모아 두어야 한다.

글의 재료를 모으는 모든 작업이 취재이다. 바버라 베이그는《하버드 글쓰기 강의》(에쎄, 2011)에서 재료 모으기를 '내부 모으기'와 '외부 모으기'로 나눈다. 내부 모으기는 경험과 생각, 꿈, 읽은 책, 시청한 영화 등 머릿속에 저장된 내용을 불러 모으는 것이다. 상상력이 필요하고 창조적인 글을 쓸 때 내부 모으기가 유용하다.

외부 모으기는 주변에서 불러 모으는 것이다. 관심 분야를 조사하거나 관찰하는 것, 책을 읽는 것 등이다. 현장취재와 독서는 외부 모으기의 대표적인 방법이다. 한 원로 언론인은 "수습기자 교육을 담당할 때 후배들에게 글 잘 쓰는 법을 가르친 적이 한 번도 없었다."라고 강조한다. 취재하는 법을 가르쳤을 뿐이라는 뜻이다. 글은 무엇이 담겨 있느냐가 중요하지, 문장을 잘 쓰고 못 쓰는 것은 부차적이라는 의미이다.

현장취재는 기자만의 일이 아니다. 소설이나 수필 등을 쓸 때 사실적으로 묘사하거나 객관적인 자료를 제시하기 위해서는 현장을 취재하고 자료를 조사하는 과정을 반드시 겪어야 한다. 현장은 사건이 발생한 곳이며, 이야기가 펼쳐지는 무대다. '발로 뛴다', '발로 기사를 쓴다', '답은 현장에 있다'는 표현은 모두 현장취재의 중요성을 강조한 말이다. 알려지지 않은 사실을 현장에서 확인하고, 모은 자료를 다른 시각에서 보면 새로운 글쓰기 재료가 탄생한다. 의문이 생기면 그 의문을 풀기 위해 추가로 취재하고, 반대의견을 듣는다. 그런 과정에서 사실관계가 탄탄해지고 논리적인 연관성이 명확해진다.

현장취재 못지않게 글을 많이 읽는 것이 중요하다. 독서는 시간과 공간을 뛰어넘어 간접 경험을 통해 글의 재료를 확보할 수 있는 좋은 방법이다. 앞서간 사람들의 경험, 지식, 영감, 식견을 빌려올 수 있다.

송나라의 정치가이자 문인인 구양수歐陽脩는 글을 잘 쓰기 위해서는 다독多讀, 다작多作, 다상량多商量이 필요하다고 강조했다. 많이 읽고, 많이 써보고, 많이 생각해야 한다는 뜻이다. 독서를 많이 하지 않고서는 작가가 될 수 없다. 시시한 글이든 고전이든, 좋은 글이든 나쁜 글이든 모두 글쓰기에 도움이 된다.

글의 재료를 잘 활용하기 위해서는 기록이 중요하다. 듣고 보고 느낀 것을 수시로 메모하고 녹음하며 촬영하는 습관을 들여야 한다. 휴대전화는 글의 재료를 기록하는데 유용한 도구다. 머리만 믿고 기록하지 않고 지나쳤다가는 낭패를 볼 수 있다. 잠자리에 누웠는데 좋은 생각이 떠오르면 벌떡 일어나 메모하자. 신문이나 잡지에 실린 기사, 간판, 포장지, 담벼락의 낙서, 여행지에서의 안내 책자, 입장권, 엽서 등도 메모하거나 모아 두면 글의 소재가 된다.

재료가 풍부하다고 문제가 다 해결되는 것은 아니다. 흠이 있는 재료는 아무리 많아도 소용이 없다. 미련없이 버려야 한다. 아깝다고 갖고 있으면 거추장스럽고 방해가 된다. 주제와 관련 없는 글감도 있으나 마나다. 한식 요리를 하는데 양식 재료를 쓸 수는 없지 않은가. 어렵게 취재한 것을 버리기란 쉽지 않다. 자신이 힘들게 모은 것이 모두 소중해 하나도 버릴 것이 없다고 생각한다. 하지만 주제와 관련 없는 것은 과감하게 쳐내야 한다. 엉거주춤하면 죽도 밥도 안 된다.

02

잘 들어야 잘 쓴다

인터뷰가 잘 되면 전체 글쓰기 작업의 7할은 끝났다고 봐도 된다.
인터뷰에는 말하는 사람의 말투와 억양, 분위기, 표정은 물론
주변 상황까지 녹아 있다.

사람들이 말하게 하자. 그들의 삶에서 가장 흥미롭고 생생한 이
야기를 이끌어내는 방법을 익히자. 그 사람이 자신의 생각과 경
험을 자신의 말로 직접 들려주는 것만큼 글쓰기를 생동감 있게
만들어주는 것은 없다.

– 윌리엄 진서, 《글쓰기 생각쓰기》(돌베개, 2007)

'특정한 목적을 가지고 개인이나 집단을 만나 정보를 수집하고 이
야기를 나누는 일. 또는 그런 것. 주로 기자가 취재를 위하여 특정한
사람과 가지는 회견을 이른다.' 국립국어대사전에 실려 있는 인터뷰
의 뜻이다. 사건이나 이슈에 직·간접적으로 관련된 사람을 만나 이

야기를 듣는 인터뷰는 글의 재료를 모으는 중요한 방법이다. 글쓰는 사람이 직접 보지 못하거나 경험하지 못한 것을 전해 듣는다. 퍼즐을 하나씩 맞춰 전체를 완성하듯이 인터뷰를 통해 사안의 핵심에 한 걸음 더 다가설 수 있다.

누구를 인터뷰할 것인가? 인터뷰의 대상자 즉 인터뷰이interviewee가 누구냐에 따라 독자의 관심도가 달라진다. 유명인, 사건의 중심에 있는 사람, 이야깃거리를 갖고 있는 사람이라면 누구나 인터뷰 대상자가 된다.

인터뷰를 하면 내용을 여과 없이 생생하게 글로 표현할 수 있다. 인터뷰에는 말하는 사람의 말투와 억양, 분위기, 어투, 표정은 물론 주변 상황까지 녹아 있다. 설명·묘사·주장·분석·해설만으로 글을 쓴다고 생각해보자. 얼마나 단조롭고, 밋밋할까? 의사·변호사·교수 등이 직접 설명하고, 의미를 부여하면 설득력이 높아진다. 전문적인 내용의 글을 쓸 때 인터뷰는 특히 유용하다.

인터뷰의 성공은 얼마나 진솔한 이야기를 이끌어내는지에 달려 있다. 쑥스러워하거나 자기 생각을 분명하게 표현하지 못하는 인터뷰이가 많다. 대부분은 묻는 말에만 간단하게 대답하는 것이 보통이다. 부정적인 이슈와 관련해 인터뷰할 경우 인터뷰이의 말 수는 더 줄어든다. 이럴 때를 대비해 인터뷰어interviewer는 충분한 사전조사를 통해 상황을 파악하고 있어야 한다.

내용이 복잡할 때는 중간 중간에 인터뷰어가 이해한 것을 인터뷰이에게 설명하고 맞는지 확인해야 한다. 어려운 용어가 나오면 쉬운 표현으로 바꿔달라고 요청해야 한다. 인터뷰 대상자가 말을 많이 하며 인터뷰를 주도하는 것은 바람직하지 않다. 이야기가 주제를 벗어나면 인터뷰이의 말을 과감하게 끊고 원래의 방향으로 화제를 돌려야 한다. 인터뷰이가 말 했다고 그대로 글로 옮겨 적어서는 안 된다. 인터뷰어가 이해하지 못한 것은 독자도 마찬가지로 이해하지 못한다.

인터뷰가 끝났다고 수첩을 바로 덮으면 안 된다. 긴장이 풀리는 순간 속내를 털어놓는 인터뷰이가 있다. 사진을 찍을 때 '하나, 둘, 셋' 외칠 때는 사진 속의 인물이 모두 긴장하지만 촬영 직후에는 긴장을 푼다. 이때 셔터를 누르면 자연스런 표정을 포착할 수 있는 것과 비슷하다.

인터뷰가 잘 되면 전체 글쓰기 작업의 7할은 끝났다고 봐도 된다. 글을 쓰는 일만 남는다.

무엇을 쓸까?

새로운 것을 써야 독자가 관심을 갖는다.
내용, 형식, 파급력에서 이전의 글과 차별성이 있으면
새로운 것으로 대접받을 수 있다.

"기사가 재미있니?" 취재 중이거나 기사를 작성할 때 선배 기자들이 자주 던지는 질문이다. 재미를 따지자는 게 아니다. 독자의 눈길을 끌만한 요소가 있는지를 묻는 것이다. 자신있게 대답할 수 있으면 문제가 없지만 그렇지 않다면 글쓰는 사람의 고민이 커진다.

기사, 수필, 논문, 보고서 할 것 없이 새로운 것을 써야 독자가 관심을 기울인다. 이미 알려진 사실, 많은 사람이 알고 있는 사실을 굳이 다시 써야 할 이유가 없다. 새로운 것, 새로운 사실이 내 눈 앞에 갑자기 나타날까? 그럴 가능성은 희박하다. "하늘 아래 새로운 것은 없다 There is nothing new under the sun." 구약성경 전도서 제1장에 나오는 말이다. 완전히 새로운 것은 찾기 어렵다는 뜻이다. 글쓰기도 비슷하다. 글을 쓸 때 온전히 새로운 것만 쓸 수는 없다. 1~2%만 새로운 사실이 있어도 새로운 것으로 대접받을 수 있다. 거창하고 획기적인 것이 아니어도 된다. 독창적인 내용, 새로운 형식, 사회적 파급력에서 이전의 글들과 차별성이 있으면 충분하다. 글을 쓸 때는 망원경도 필요하지만 현미경도 필요하다. 작지만 새로운 것을 찾아내는 통찰력이 중요하다. 《잃어버린 시간을 찾아서》(민음사, 2012)의 작가 마르셀 프루스트는 "항해 중의 발견은 새로운 풍경을 보는 것이 아니라 새로운 눈을 갖는 것에 달려 있다."라고 강조했다.

새로운 것, 시의성 이외에도 독자의 눈길을 끌 수 있는 요소가 여럿 있다. 저널리즘에서는 '뉴스 가치news value'로 근접성, 저명성, 중요성, 영향성, 인간적 흥미 등을 꼽는다. 뉴스 가치를 계산할 때는 수학공식이 통하지 않는다. 일반적인 글쓰기에서도 마찬가지다. 어떤 글이 시의성, 저명성, 근접성, 중요성, 흥미성에서 1점씩 받았다고 하자. 이 글의 가치는 '1+1+1+1+1=5'가 아니다. 1이다. 각 항목에서 가장 높은 점수가 그 글의 가치가 된다.

내가 좋아하는 것을 써야 하나? 독자가 좋아하는 것을 써야 하나? 글쓴이의 상황에 따라 답이 달라진다. 취미로 글을 쓰는 사람은 자신이 좋아하는 것을 쓰면 그만이다. 직업으로 글을 쓰는 사람은 독자가 원하는 것이 무엇인지 파악하고 써야 한다. 한 사람의 독자라도 더 끌어들여야 한다. 여기서 중요한 점은 내가 잘 할 수 있는 것, 잘 아는 것을 써야 한다는 사실이다. 아무리 손님이 원하고, 영양가가 있는 음식이라도 내가 요리할 실력이 없다면 차려내기 어렵듯이.

틀을 생각하자

집을 잘 짓기 위해서는 기둥과 대들보를 잘 세워야 한다.
글쓰기도 이와 비슷하다.
글의 구성, 구도를 잘 잡아야 한다.

필자가 기자로 막 발을 내디뎠을 때 3~4년 선배 기자를 보고 감탄을 금치 못했다. 선배는 출입처 소파에 비스듬히 기댄 채 메모지 한 장만 들고 신문사의 내근 기자에게 전화하여 기사 내용을 불렀다. 500~600자의 짧은 내용이지만 기사의 ABC도 모르는 신참 기자 눈에는 신기에 가까웠다.

선배 기자가 그럴 수 있었던 것은 기사의 얼개를 꿰고 있었기 때문이다. 얼개란 글의 구성, 구도를 말한다. 어떤 요소를 어디에, 얼마나, 어떻게 배치할 것인가를 의미한다. 첫째 문장에서 전체적인 사건의 윤곽을 잡고, 둘째 문장에서 강조하고 싶은 내용을 부각하고 그다음에 피해자나 가해자의 사정, 경찰의 수사상황을 덧붙이는 식이다.

제목을 대략 정해 놓고 거기에 맞춰 글을 쓰면 일관성을 유지할 수 있다. 편집자가 "제목이 뽑히지 않는다."라고 푸념하는 경우가 있다. 글을 몇 번이나 읽어도 무슨 말을 하는지 알기 힘들다는 뜻이다. 글이 오락가락하고, 핵심을 짚지 못해 애매한 것이 원인이다. 전체를 아우르는 콘셉트를 잡고 글을 쓰면 이런 불상사를 막을 수 있다.

집을 잘 짓기 위해서는 기둥과 대들보를 제대로 세워야 한다. 뼈대가 튼튼하면 나머지 요소는 갖다 붙이면 된다. 글쓰기도 이와 비슷하다. 주제를 무엇으로 할지, 내용을 어떻게 전개할 것인지 머릿속에 윤곽을 그린 다음 시작해야 한다. 떠오른 생각 그대로 글을 쓰면 방향을 잃는 상황이 생길 수 있다.

글 전체의 구도 속에서 소제목은 중요한 역할을 한다. 소제목은 처음부터 완전하지 않아도 좋다. 재료를 모으고 글을 쓰는 초기 단계에서는 핵심어(키워드)를 나열하는 것만으로도 충분하다.

소제목은 여러 기능을 한다. 우선 글이 샛길로 새는 실수를 막아준다. 제목이 지시하는 방향대로 내용을 전개하면 글이 왔다갔다 하지 않는다. 자동차가 다른 길로 가지 않도록 안내하는 내비게이션의 기능과 비슷하다. 소제목은 분량을 안배하는 역할도 한다. 소제목을 통해 내용의 중요도와 우선순위 등을 알 수 있고, 글 전체에서 차지하는 비중도 알 수 있다. 소제목 안에 들어가야 할 글의 분량을 정하면 특정한 내용이 넘치거나 부족하지 않아 균형을 잡을 수 있다. 소제목은 고정불변이 아니다. 글을 써나가면서 상황이 바뀔 수 있다. 상황이 바뀌면 소제목을 고치면 된다.

일단 쓰자

한 단어, 한 문장이라도 일단 쓰는 것이 중요하다.
글이 나를 끌고 간다.
글이 이끄는 마법의 힘을 믿고 따라가자.

당나라 시인 이태백은 술에 취해 호수에 비친 달을 보며 하룻밤에 열 편의 시를 썼다고 한다. 그는 1,100편의 시를 남겼다. 《인간희극La Comédie humaine》으로 유명한 프랑스의 소설가 오노레 드 발자크는 생계형 작가로, 90여 편의 장·단편 소설과 여러 글을 남겼다. 이태백이나 발자크쯤 되면 언제 어디서든 마음만 먹으면 독자를 감동시키는 글을 화수분이 재물을 계속 뱉는 것처럼 뿜어낼 수 있다. 대부분의 사람은 그렇지 않다. 컴퓨터나 원고지 앞에 앉으면 앞이 캄캄해진다. 글을 쓰기 위해서는 마음을 단단히 먹어야 한다. 잘할 수 있다, 잘 될 것이라고 주문을 스스로 걸어야 한다.

글쓰는 일을 직업으로 하는 작가와 기자에게는 직업병이 있다. 여유가 있을 때는 글을 잘 쓰지 못하는 증상이다. 좀처럼 고치기 힘든 병이다. 구성을 어떻게 할까? 추가할 내용은 없을까? 조금 더 그럴듯한 표현이 없을까? 고민에 고민을 거듭한다. 고민은 마감 시간이라는 벽과 맞닥뜨린 다음에야 끝난다. '마감 시간이 글을 쓴다'는 말이 있다. 절박해야 몰입하게 된다는 뜻이다.

마감시간을 영어로 Dead Line이라고 한다. 이 선을 넘기면 글은 빛을 보지 못하고 죽는다. 정해진 시각이 되면 방송은 큐시트에 따라 뉴스를 시작하고, 신문·잡지사는 윤전기를 돌린다. 완성도 높은 글을 빨리 쓰기란 쉽지 않다. '빨리'와 '완성도'는 모두 도달하기 어려운 덕목이다. 그러나 방법이 없지는 않다.

시작이 반이다. 하늘에서 번개 치듯 어떤 영감이 내리는 순간을 막연히 기다려서는 안 된다. 한 단어, 한 문장이라도 일단 써라. 글이 나를 끌고 간다. 글이 이끄는 마법의 힘을 믿고 따라가라. '일단 써라, 많이 써라'는 말을 기억하자. 작가 나탈리 골드버그는 "진실은 아주 간단하다. 글쓰기는 글쓰기를 통해서만 배울 수 있다."라고 말했다.

겁을 먹지 않고 일단 글을 쓰려면 글쓰기를 꾸준히 훈련하는 것이 중요하다. 글의 종류에 따라 스타일을 익히는 것은 기본이다. 잘 쓴 글을 모델로 내용의 전개 방법, 용어, 문체 등을 배우면 실전에서 당황하지 않는다.

자신이 좋아하는 작가의 글을 모방하는 방법도 도움이 된다. 글쓰기 기술을 익히는데 훌륭한 작가의 글은 좋은 교본이다.《나의 문화유산답사기》시리즈를 쓴 유홍준 교수는 알퐁스 도데의 〈별〉과 이효

석의 〈메밀꽃 필 무렵〉을 200번씩 베껴 썼다고 한다.

미리 준비하는 자세도 필요하다. 취재, 독서, 인터뷰 등을 통해 수집한 자료를 꼼꼼히 분류하고 분석하면서, 글을 쓸 때 어느 부분에 사용할 것인지를 정리해 두자. 소제목에 해당하는 키워드에 따라 갈무리하면 효과적이다.

06

첫 문장이 리드한다

첫 문장이 중요하다. 독자를 사로잡아야 한다.
글 전체의 분위기를 좌우하고 방향을 잡는 역할을 한다.

버스가 산모퉁이를 돌아갈 때 나는 〈무진 Mujin 10㎞〉라는 이정
비里程碑를 보았다.

김승옥의 단편소설《무진기행》의 첫 문장이다. 이야기가 전개될 공
간이 무진임을 알려준다. 무진霧津은 주인공의 고향이다. 안개가 많은
곳이다. 안개는 몽환적, 탈일상적 공간을 상징한다. 소설의 주제가 허
무주의와 연결되어 있음을 독자는 유추할 수 있다.

첫 문장을 쓰는 것은 헝클어진 실타래에서 실마리를 찾는 것과 같
다. 무슨 일이든 처음은 어렵다. 연인의 손을 처음 잡는 일, 회사에 처
음 출근하는 일, 아이를 처음 학교에 보내는 일, 해외여행을 처음 나

서는 일…. 시작이 반이라는 말에 고개를 끄덕이는 사람이 많을 것이다.

예전 신문사 편집국은 너구리 잡는 굴이었다. 특히 마감시간 직전에는 여기저기서 기자들이 피워 대는 담배 연기가 안개처럼 자욱했다. 마감시간은 다가오는데 쓸 만한 리드Lead(첫 문장)가 떠오르지 않는 까닭이다. 기자들은 애꿎은 담배만 연방 축낸다. 첫 문장이 나오기만 하면 그다음은 술술 풀릴 것 같은데 머릿속에서만 맴도니 미칠 노릇이다. 작가도 예외가 아니다. 문태준은 시집을 8권 내고, 미당문학상·노작문학상 등 주요 문학상을 두루 받은 중견 시인이다. 그는 "새벽마다 끙끙 앓으며 첫 문장을 기다린다."라고 말했다.

요즘은 글의 종류나 작가의 성향이 워낙 다양해 글쓰기에 왕도가 없다는 말이 나온다. 그렇더라도 처음 한두 문장에서 글의 성패가 갈린다는 지적은 중요하다. 자기소개서든, 대입 논술이든, 회사 보고서든 마찬가지다. 미국의 저널리스트이자 작가인 윌리엄 진서는 저서 《글쓰기 생각쓰기》에서 "첫 문장에서 읽는 사람을 끌어들이지 못하면 그 글은 죽은 것이나 다름없다."라고 강조한다.

첫 문장이 왜 중요할까. 대개의 독자는 관대하지 않다. 재미있거나 중요한 부분이 나올 때까지 기다리지 않는다. 초반에 재미없다 싶으면 책이든 신문이든 덮어 버리기 일쑤다. 읽는 사람이 외면한다면 저자로서는 사형선고를 받는 것이나 다름없다. 그러니 초반에 미끼를 던져 독자를 유인해야 한다.

어떤 리드가 효과적일까. 첫째, 집필 의도를 압축적으로 보여 주어야 한다. 대개는 짧을수록 좋다. 전체 내용을 훑어보고 이를 한 문장으로 표현하는 훈련을 하자. 둘째, 독자에게 궁금증을 불러일으키고 독자가 글과 일체감을 느낄 수 있도록 해야 한다. 신선하고 이색적이며 이목을 끌만한 표현이 좋다. 느낌이 좋은 시의 구절, 산뜻한 느낌을 주는 광고 문구나 신문 제목을 눈여겨봤다가 활용하자.

보도문의 경우 리드는 본문 요약형, 사례 제시형, 묘사형, 인용형, 질문형, 비유형 등으로 나뉜다. 글의 성격이나 집필 의도에 따라 어떤 유형을 쓸지 정하면 된다.

① 본문요약형

■ 뉴욕 필하모닉의 음악 감독인 네덜란드 지휘자 야프 판 즈베던(61)이 서울시향 차기 음악 감독으로 선임됐다.

② 사례 제시형

■ 서울 성동구 B 아파트 전용 84㎡를 보유한 40대 박모 씨는 이 집에 보증금 10억 원을 내고 살던 세입자에게 이달 초 전화 한 통을 받았다. 세입자는 인근 시세가 자신이 낸 전세 보증금보다 1억 원가량 낮아졌으니 재계약 때 1억 원을 돌려주거나 이에 해당하는 전세 대출 이자를 매달 입금해 달라고 요구했다.

③ 묘사형

■ 4일 오후 일본 오키나와 본섬의 대표적 관광지인 나하시 국제거리에

는 지나는 사람의 모습을 찾기 힘들었다. 전날부터 제11호 태풍 '힌남노'의 영향권에 들어간 나하 시내는 이날 아침까지 행인들이 걷기 힘들 정도로 강한 비바람이 몰아쳤다. 비는 정오쯤 잠시 그쳤지만 음식점과 상점 등은 계속 문을 닫아걸었다.

④ 인용형

■ "일요일의 막내딸이라고 불러주시면 좋겠습니다. 감사합니다!" 전국노래자랑 새 진행자 김신영은 두 시간에 걸친 녹화를 끝낸 뒤 관객들을 향해 이렇게 외쳤다.

⑤ 질문형

■ 미국·중국·러시아의 패권 경쟁이 더욱 치열해 지고 있다. 한반도의 미래는 어떻게 되나?

⑥ 비유형

■ 참상을 겪은 군인의 마음에는 상흔이 남는다. 좀처럼 지워지지 않는 '마음의 총상'. 의학적으로는 '외상 후 스트레스 장애'라고 부른다.

07

짧을수록 명쾌하다

문장이 길면 독자가 내용을 파악하기 어렵다.
장황하고 화려한 수식어 속을 헤매다 의미를 놓친다.

공문空門의 안뜰에 있는 것도 아니고 그렇다고 바깥뜰에 있는 것도 아니어서, 수도도 정도에 들어선 것도 아니고 그렇다고 세상살이의 정도에 들어선 것 아니어서, 중도 아니고 그렇다고 속중俗衆도 아니어서, 그냥 걸사乞士라거나 돌팔이중이라고 해야 할 것들 중의 어떤 것들은, 그 영봉을 구름에 머리 감기는 동녘 운산으로나, 사철 눈에 덮여 천년 동정스런 북녘 눈뫼로나, 미친 년 오줌 누듯 여덟 달간이나 비가 내리지만 겨울 또한 혹독한 법 없는 서녘 비골로도 찾아가지만, 별로 찌는 듯한 더위는 아니라도 갈증이 계속되며 그늘도 또한 없고 해가 떠 있어도 그렇게 눈부신 법 없는데다, 우계에는 안개비나 조금 오다 그친다는 남녘

유리_{羑里}로도 모인다.

— 박상륭, 《죽음의 한 연구》 중에서

박상륭의 소설《죽음의 한 연구》의 첫 문장이다. 모두 367자로, 쉼표가 여덟 개 나온다. 판소리처럼 끊어질 듯 하다가 이어진다. 난해하고 독창적인 긴 문장은 독자를 환상적인 언어의 미로 속으로 끌어들인다. 박상륭이기에 가능한 일이다. 문학평론가 김현은 "이광수의 《무정》 이후 가장 잘 쓰인 작품"이라고 이 작품을 격찬했다.

일반인은 박상륭의 긴 문장을 흉내 내서는 안 된다. 문장이 길어지면 독자가 인내심을 갖고 좇아가더라도 앞에 무슨 내용이 있었는지 잘 생각나지 않는다. 장황하고 화려한 수식어 속을 헤매다 정작 중요한 의미를 놓쳐 버린다.

대중적 글쓰기의 부정적인 본보기는 법원의 판결문과 검찰의 공소장이 아닐까. 전문적인 법률용어가 많이 나오고, 문장이 길어 읽는 사람을 지루하게 만든다. 지금은 나아졌지만 얼마 전까지만 해도 수십 쪽 분량의 글이 하나의 문장으로 되어 있었다. '하였으며, 하였고, 한편'으로 이어진다. 이런 문장을 읽는 독자는 숨이 막힌다. 마치 비흡연자가 흡연실에 들어갈 때 느끼는 것처럼.

다음은 서울 시내버스 안에 붙은 안내문이다. 필자가 생활 주변에서 본 가장 긴 문장이다.

■ 승객 여러분께서는 시내버스 정류소에서 버스를 기다릴 경우 차도에

내려서지 마시고 안전한 인도에서 기다려 주시기 바라며 또한 정차 범위를 벗어난 지점에서 무리한 승하차를 요구할 시 안전사고 발생 우려와 함께 이를 위반하였을 경우 사업자 및 운수 종사자가 사업개선 명령 위반으로 과징금(과태료) 처분을 받게 되오니 시내버스 정류소 정차 범위 준수 운행으로 안전하고 더 좋은 버스가 될 수 있도록 적극 협조하여 주시기 바랍니다.

한 구청 소식지에 실린 아래 기고도 글이 뒤엉켜 어느 것이 주어, 서술어인지 찾기 어렵다. 글을 예쁘게 쓰는 것에 초점을 맞춘 결과다.

■ 대청봉이나 천왕봉처럼 웅장하거나 또 이름난 곳이 아니더라도 우리가 사는 가까운 곳에 이렇게 아기자기하게 예쁜 산이 있어 가슴이 답답할 때 언제든지 찾아와 온 천지를 붉게 물들이며 떠오르는 해를 보며, 또 아름답게 조용히 지는 석양을 보며 희망찬 새날을 기약할 수 있다면 우리의 또 다른 행복이 아닐까 하는 생각이 든다.

문장의 요소들이 명확하게 연결되지 않거나 구성이 탄탄하지 않으면 글을 쓴 사람은 자신의 뜻을 효과적으로 전달하겠다는 꿈을 접어야 한다. 독자가 둔하고 게을러 저자가 의도하는 바를 좇아오지 못한다고 비난하면 안 된다. 두 번, 세 번 읽어야 비로소 내용을 파악할 수 있다면 그것은 쓴 사람의 책임이다.

국내 신문기사의 한 문장 길이는 70자 안팎이라는 연구 결과가 있다. 요즘엔 이것도 길다는 지적이 나온다. 50자 정도가 적당하다는 뜻이다. 문장을 길게 쓰는 버릇은 여간해선 고치기 어렵다. 긴 문장을 두어 개로 나누는 연습을 하자. 불필요한 수식어를 없애는 것도 방법이다. 형용사·부사를 될 수 있으면 적게 쓰자.

> ■ 경주 남산은 그대로 거대한 박물관이다. 서로가 서로의 어깨를 감싸며 신라를 말해준다. 하지만 나원리 오층석탑은 형산강 건너 외따로이 서 있다. 외로운 듯도 하고 아닌 듯도 하다. 절터의 가람 배치도 짐작하기 어렵다. 다가가면서 보니 석가탑을 닮았다
>
> — 이달균(글)·손묵광(그림), 《탑》(마음서재, 2019)

위의 문장은 산뜻한 느낌을 준다. 간결해서 읽기에 부담이 없다. 문장을 짧게 쓰려면 내용을 꿰뚫고 있어야 한다. 절제와 압축, 생략이 생명이다. 없어도 되는 것을 과감하게 버려야 한다.

예외 없는 법칙은 없는 법, 짧은 문장이 독자를 항상 편안하게 하는 건 아니다. 아래 예문을 보자.

> ■ 주인이 종을 부릅니다. 빚을 갚으라고 합니다. 엄청난 빚이었습니다. 종은 돈이 없었습니다. 엎드려 빌었죠. 주인은 종을 용서합니다. 그 애절함 때문이었죠.

음악의 스타카토를 연상시키는 글이다. 간결한 반면 단조롭고 딱

딱하다. 날이 무딘 도구처럼 느껴진다. 과유불급過猶不及이라는 말을 이럴 때 쓸 수 있다. 때로는 길게 때로는 짧게 해야 한다. 리듬과 속도가 중요하다. 문장의 내용과 기능을 생각하자. 필요와 상황에 맞추는 것이 자연스럽다.

접속어는 아껴쓰자

접속어가 많으면 문장의 흐름이 자연스럽지 못하고,
문장이 생기를 잃는다.
불필요한 접속어는 문장의 윤활유가 아니라 군더더기다.

　잘 쓴 글인지 아닌지를 가려내는 몇 가지 척도가 있다. 그중 하나가 접속어의 빈도다. 결론적으로 말하면 접속어를 가급적 적게 써야 글이 세련돼 보인다.

　'그리고, 그런데, 그래서, 따라서, 그러므로' 등은 우리가 흔히 쓰는 접속어다. 이들은 단어와 단어, 구절과 구절, 문장과 문장을 잇는 고리 역할을 한다. 글쓰기는 옷을 지을 때의 바느질과 같다. 불필요하게 바느질을 많이 하면 두 폭을 맞대고 꿰맨 줄, 즉 솔기가 너덜너덜해진다. 접속어 역시 필요할 때만 사용해야 글이 자연스럽다. 천의무봉天衣無縫이라는 말이 왜 나왔겠나.

■ 어젯밤 과음을 해서 늦게 일어났다. 그래서 회사에 지각했다. 그러나 다행히 상사에게 혼나지 않았다.

위의 세 문장은 접속어 '그래서, 그러나'로 연결돼 있다. 대개 글을 자주 쓰지 않는 사람이 이처럼 접속어를 즐겨 쓴다. 한 문장이 끝날 때마다 '그리고, 그래서, 그런데'를 약방의 감초처럼 집어넣는다. 접속어가 문장을 부드럽게 연결한다고 생각하기 때문이다. 글쓰기 초보자는 접속어가 없으면 뭔가 빠진 듯한 허전함을 느낀다. 시간 순서에 따라 내용을 전개해 나갈 때 특히 접속어를 애용한다. 새 단락을 시작할 때 버릇처럼 쓰기도 한다.

글쓴이의 의도와 달리 접속어는 글의 긴장감을 떨어뜨리는 역효과를 일으키는 경우가 많다. 굳이 없어도 되는 자리에 끼어든 접속어는 성가신 존재일 뿐이다. 불필요한 접속어는 문장의 윤활유가 아니라 군더더기에 불과하다.

■ 왔노라, 보았노라, 이겼노라.

접속어 없는 문장이 훨씬 힘 있고 간결하다는 점을 보여 주는 대표적인 문장이다. 접속어가 필요한지 않은지 어떻게 알 수 있을까. 접속어를 빼고 문장을 만들었을 때 이상하지 않다면 굳이 쓰지 않아도 된다.

■ '완성차 업체-1차 하청업체-2차 하청업체'로 이어지는 가격 인하와 리스크 부담 압력을 종업원에게! 전가시킬 뿐이다. 하지만 이런 상황에서 근로자의 인적자원 축적을 기대하는 것은 무리다.

'하지만'이 두 문장을 잇고 있다. 여기서 접속어는 '뱀의 다리蛇足'이다. 있어도 좋고 없어도 좋은 경우가 아니다. 없어야 하는 자리에 잘못 들어갔다. 처음에는 무척 어색하겠지만 접속어를 빼고 문장을 잇는 버릇을 들이자.

썼노라, 뺐노라, 힘이 있노라.

09

정확하게

내용이 충실하고 정확해야 글이 생명력을 갖는다.
아름다운 것은 부차적인 문제다.

형식이 내용을 규정하는 경우가 있다. 그러나 글쓰기의 핵심은 내용이다. 소설이나 시 같은 창조적인 글에서는 정확성이 그리 중요하지 않다. 상상력을 동원한 파격적인 내용이 오히려 높은 점수를 받는다. 그러나 논픽션이나 기사의 경우 내용이 충실하고 정확해야 생명력을 갖는다. 문장의 아름다움은 부차적인 문제다. 조지프 퓰리처는 신문기사가 갖춰야 할 요건을 '첫째도 정확, 둘째도 정확, 셋째도 정확'이라고 말했다. 기사뿐만 아니라 모든 글에 적용할 수 있다. 《파친코》(인플루엔셜, 2022)의 작가 이민진은 인터뷰에서 "잘못된 정보가 있으면 작가와 독자 사이의 신뢰가 깨진다. 반드시 집요하게 조사해야 한다."라고 강조했다.

정확하다는 것은 사실관계가 명확하고 표현이 적확해야 한다는 것을 의미한다. 내용이 정확하려면 재료가 튼실해야 한다. 흠이 있거나 확인되지 않은 것은 과감하게 버려야 한다. 우리는 시장에서 배추 한 포기, 무 한 개를 살 때도 몇 번이나 들었다 놓았다 한다. 글 재료를 준비할 때도 의심하고, 확인하는 자세가 필요하다. 제재와 소재를 모으는 단계에서부터 팩트 체크를 해야 한다. 글을 쓰는 사람이 팩트를 체크하지 않으면 팩트 체크를 당하는 세상이다. 강호의 고수들이 지켜보고 있다. 팩트가 부실하거나 사실과 다르면 글이 논리를 잃게 되고, 독자를 잘못된 길로 이끌게 된다.

글을 쓸 때 상황을 적확한 용어로 표현하는 것도 중요하다. 글을 쓸 때의 언어 기준은 말할 때보다 엄격하다. 어슐러 K. 르 귄은《글쓰기의 항해술》(황금가지, 2010)에서, "말할 때는 목소리·표정·억양으로 부정확한 문장이나 잘못 사용한 단어를 보완할 수 있지만, 글은 그럴 수 없기 때문이다."라고 설명했다.

《마담 보바리》의 작가인 플로베르는 일물일어설一物一語說을 주창했다. 하나의 사물을 나타내는 데는 단 하나의 단어밖에 없다는 것이다. 그는 틀린 말을 쓰지 않아야 함은 물론이고 가장 적절한 단어를, 올바르게 선택해야 한다는 것을 강조했다. 애매모호 하거나 중의적인 표현은 의미를 제대로 전달하기 어렵다.

단어 하나, 조사 한 자가 글 전체의 이미지를 좌우한다. 이순신의 생애를 다룬 장편《칼의 노래》첫 문장은 "버려진 섬마다 꽃이 피었다."이다. 작가 김훈은 원래 '꽃은 피었다'이던 것을 '꽃이 피었다'로 바꿨다고 한다. '꽃이 피었다'는 것은 물리적 사실을 객관적으로 진술한 언어이지만, '꽃은 피었다'는 꽃이 피었다는 객관적 사실에 그것을 바라보는 사람의 주관적 정서가 섞여 있다고 설명했다. 조사 '은'을 '이'로 바꿨을 뿐인데 뉘앙스가 달라진다. 글이란 이렇다.

10

쉽게

쉽게 쓰려면 글을 쓰는 사람이 내용을 잘 이해해야 한다.
어려운 것을 쉽게 풀어내는 사람이 고수다.

한 언론학자는 쉽게 쓰기가 제일 어렵다고 토로한다. 그는 보고서, 논문, 칼럼 등 여러 종류의 글을 기고할 때마다 쉽게 써달라는 요청을 받는다. 그런데 이 '쉽게'가 어렵다. 많이 아는 척, 뭔가 있는 척하는 버릇이 고쳐지지 않기 때문이다. 흔히 지식인은 쉬운 것을 어렵게 쓰는 사람이라 한다. 그러나 어려운 것을 쉽게 풀어내는 사람이 진정한 고수다.

신문사와 방송사에서는 중학생도 이해할 수 있도록 기사를 작성하라고 기자들에게 주문한다. 쉽게 쓰라는 뜻이다. 독자가 단번에 내용을 파악하지 못한다면 글 쓴 사람의 책임이다. 독자에게 책임을 미루는 것은 온당하지 못하다. 독자의 눈높이에 맞춰 글을 써야 한다.

쉽게 쓰려면 내용을 잘 이해해야 한다. 내용을 완전히 내 것으로 만들어야 한다. 생각이 복잡하면 글이 난해하고 문장이 길어진다. 한 문장 안에 주어가 두 개 등장하기도 한다. 문장이 꼬여 무엇이 주어이고 무엇이 서술어인지 모르게 된다. 비문非文이 나온다.

글쓰는 사람이 전문 용어나 어려운 말을 제대로 소화하지 못한 채 얼버무리고 지나가거나 다른 사람의 말을 그대로 옮겨 놓는 것은 무책임한 행동이다. 전문 용어가 여기저기서 튀어 나오는 이유는 다른 사람의 말을 전달하는 데에 급급하기 때문이다. 저자가 어려운데 독자는 오죽할까.

쉬운 말로 글을 쓰면 권위가 떨어질까 걱정하는 사람이 있다. 어느 유명 작가는 "쉬운 것을 어렵게 말하는 사람은 사기꾼"이라고 비판한다. 많은 사람과 진정으로 소통하고 싶다면 독자가 이해할 수 있도록 글을 써야 한다. 한 번 설명해준 것을 독자가 계속 기억하고 있다고 생각해서도 안 된다. 쉬운 글쓰기는 친절한 글쓰기의 다른 표현이다.

11

너무 꾸미지 말자

좋은 글을 쓴다는 명분을 내세워 지나치게 꾸미는 것을 경계해야 한다.
형용사와 부사를 많이 쓰면 진정성이 가려진다.

　기자들끼리 쓰는 말 가운데 **초친다**가 있다. 형용사나 부사를 많이
쓰거나 심하게 과장하는 것을 가리킨다. 초를 잘 치는 기자에게 '김
초', '이초' 별명을 붙이기도 한다. **초친다**는 수식어를 줄이고 사실에
입각해 기사를 담백하게 쓰자는 다짐 구호이다. 좋은 글을 쓴다는 명
분을 내세워 글을 지나치게 꾸미지 말자고 경계하는 것이다.

　'초醋'는 식초를 뜻한다. 나물은 보통 소금과 식초로 맛을 낸다. 식
초를 너무 많이 넣으면 원래의 색과 향을 잃어 음식 맛을 망친다. 한
요리 연구가는 언론 인터뷰에서 "좋은 재료를 갖고 소금으로만 간을
해 음식을 만드는 것이 꿈"이라고 말했다. 요리할 때 현란한 소스를
피하는 것은 글을 쓸 때 화려한 수식어를 절제하는 것과 같다.

어니스트 헤밍웨이는 기자 시절 이렇게 말했다. "(나의 기사엔) 군살도, 형용사·부사도 없다. 피와 뼈, 근육뿐이다." 사실적이고 하드보일드한 문체를 선호한 그는 장식이 없는 간결한 스타일의 문장을 썼다. 헤밍웨이의 글이 독자의 사랑을 받는 이유는 간결한 문체가 만드는 역동성 때문이다.

형용사와 부사는 본연의 역할이 있다. 문장을 다채롭게 하고, 의미를 자세히 설명하고 꾸며준다. 지나치게 사용하는 것이 문제다. 예쁘게, 화려하게, 거창하게 쓰려다 말의 성찬盛饌이 되고 만다. 알맹이는 가려지고 수식어만 부각된다. 글쓰는 사람의 진정성이 어디 있는지 찾기 어렵다. '포토샵'을 심하게 해 원래의 모습을 알아보기 힘든 상황과 비슷하다.

형용사와 부사를 많이 동원하는 이유는 글쓰는 사람이 자신감이 없기 때문이다. 스티븐 킹은 《유혹하는 글쓰기》(김영사, 2017)에서 "부사를 많이 쓰는 사람은 자기 생각을 분명하게 표현할 자신이 없는 사람이다. 논점이나 심상을 제대로 전달하지 못할까봐 전전긍긍한다."라고 말했다. 형용사와 부사를 줄이려면 어떻게 해야 할까? 담백하게 쓰면 된다. 권위 있고 무게 있는 글을 쓰기 위해서는 문체가 화려하고 강해야 한다는 생각을 접어야 한다. 칭찬받기 위해, 조명을 받기 위해 겉보기에만 그럴싸한 글을 쓰지 말아야 한다. 수식어를 줄이면 문장이 명료해지고, 문장에 힘이 생긴다.

좋은 글이란 쉽고, 짧고, 간결하고, 재미있는 글이다. 윌리엄 진서는 《글쓰기 생각쓰기》에서 "좋은 글을 쓰는 비결은 모든 문장에서 가장 분명한 요소만 남기고 군더더기를 걷어내는 것이다."라고 말했다. 문장을 짧게 하고, 수식어를 최대한 줄인다. 같은 단어가 중복되는 것을 피해야 한다.

여기서 KISS Keep it simple and short 원칙을 기억해 두자.

간결하고 짧게!

12

함부로 베끼지 말자

'정당한 범위'와 '공정한 관행'을 벗어나
무단으로 전재轉載하거나 재배포하면 안 된다.
표절은 범죄다.

잊을 만하면 표절이 사회 문제로 등장한다. 장관으로 지명된 교수가 과거에 쓴 논문이 표절 논란에 휘말려 장관에 취임하지도 못하고 도중하차한다. 유명 작가의 소설이 외국 작품을 표절했다는 사실이 뒤늦게 드러나 이 작가는 한동안 작품활동을 중단한다. 다른 언론사 기자의 기사를 베껴 보도한 사실이 드러나 기자가 중징계를 받는다.

다른 사람의 창작물을 토대로 글을 쓰거나 논문을 작성하는 것은 나무랄 일이 아니다. 모티브로 빌리거나 좋은 표현을 참고하는 일은 있을 수 있다. 원작자의 작품을 바탕으로 다른 관점에서 더 깊이 있게 분석해 글을 쓰면 새로운 작품이 탄생한다. 이 세상에 완벽하게 독창적인 것은 없다는 말도 있으니까.

관건은 '정도'이다. 원저자의 허락 없이 베껴 무단으로 전재하거나 재배포하면 안 된다. 인터넷과 SNS는 정보의 바다다. 온갖 정보가 돌아다닌다. 몇 번 클릭하면 원하는 것을 손에 넣을 수 있다. '컨트롤(CTRL)+C 복사, 컨트롤+V 붙여넣기'를 하면 간단히 내 것이 된다. 여기서 기억해야 할 사항이 있다. 다른 사람의 글·사진·영상을 편집하거나 캡처해 블로그, 인터넷 홈페이지, SNS 등에 사용할 때도 허락을 받아야 한다. 그렇지 않으면 저작권 침해, 명예훼손 등 민·형사상의 문제가 발생한다.

저작물을 인용할 때는 '정당한 범위'와 '공정한 관행'의 기준에 맞게 해야 한다. '정당한 범위'란 양적으로나 질적으로 새로 쓰는 글이 주主가 되어야 한다는 의미다. 지나치게 많이 인용해 주종관계가 바뀌면 곤란하다. 독자가 원래의 저작물을 찾지 않을 정도가 되면 정당한 범위를 벗어난 것으로 법원은 판단한다. '공정한 관행'에 합치되는지를 판단할 때, 법원은 출처를 제대로 표시했는지를 중요한 기준으로 삼는다. 출처를 명시하지 않고 저작물을 사용하면 문제가 된다.

글쓰기는 쉽지 않다. 시간은 촉박한데 머리를 쥐어뜯어도 아이디어가 떠오르지 않는다. 다른 사람이 쓴 좋은 글을 보면 내가 쓴 것인 마냥 하고 싶은 유혹에 빠진다. 베껴 써도 아무도 모를 것이라고 생각한다. 그러나 표절은 범죄다.

13

퇴고는 필수

퇴고의 출발점은 타인의 시선으로 내 글을 객관적 입장에서 읽는 것이다.
한 걸음 물러서서 여유를 갖고 보자.

여러 번 생각하여 고치고 다듬는 일은 글쓰기의 일부다. 공장에서
제품을 생산할 때 마지막 단계에서 품질을 검사하는 과정이 꼭 들어
있는 것처럼.

퇴고는 타인의 관점에 입각해 내 글을 객관적으로 다시 읽으며 시
작된다. 그래야 문제점이 보인다. 가장 먼저 전체적인 구조를 되짚어
본다. 주장이 분명한지, 논리전개가 어색한지, 문장의 연결고리가 튼
튼한지, 앞과 뒤의 내용이 충돌하는지, 문장의 길이와 호흡이 적당한
지도 검사해야 한다. 필요하면 뒤에 있는 내용을 앞으로, 앞에 있는
내용을 뒤로 돌린다. 군더더기는 과감하게 덜어내고 부족한 부분을
보충한다. 긴 문장은 짧게 바꾸고, 오탈자와 비문을 바로잡는다. 단

어가 부정확하면 적절하게 바꾼다. 국어사전을 수시로 보면서 확인하자.

글을 쓰고 난 직후에는 마음의 여유가 없다. 들떠 있거나 몰입해 있으면 글의 잘잘못이 눈에 잘 띄지 않는다. 이럴 때는 다음 날 보는 편이 좋다. 한 걸음 물러서서 여유를 갖고 검토하면 보이지 않던 문제가 비로소 보인다.

가족이나 친구, 동료 등 가까운 사람에게 글을 보여주고 봐달라고 부탁하는 것도 방법이다. 자신의 잘못은 자신의 눈에 잘 띄지 않는다. 김경욱의 《위험한 독서》(문학동네, 2013)에 수록된 단편 〈천년여왕〉의 주인공은 소설을 다 쓰면 부인에게 먼저 보여준다. "남이 쓴 작품을 베낀 것 같다."는 비난을 들으면서도.

자신의 글을 다른 사람에게 보이기를 꺼리는 사람이 있다. 글을 타인에게 선보이는 것은 자존심과 상관없다. 오류가 뒤늦게 드러나 망신당하는 일보다 훨씬 낫다. 특히 경제·외교·과학·의료 등의 글을 쓸 때는 전문가에게 도움을 청하는 것도 좋다. 잘못된 용어와 설명을 바로잡을 수 있다.

퇴고 과정에서 첫 독자의 의견을 최대한 반영하는 편이 바람직하다. 글쓴이의 시각이 아닌, 읽는 사람의 입장이 중요하다. 내가 쓴 글에 솔직한 의견을 내고 문제를 지적해 주는 사람이 있다는 것은 대단한 행운이다.

퇴고가 끝나면 소리 내어 읽어보고 마무리하면 된다. 발표문이나 연설문이라면 발음하기 어려운 단어를 입에 붙는 단어로 바꿔야 한다. 그래야 말이 엉기지 않는다. 너무 길거나 모자라면 분량을 조절해야 한다. 대부분의 경우, 눈으로 읽기와 소리 내어 읽기 사이에는 시간 차이가 있다.

헤밍웨이는 "모든 초고는 쓰레기"라고 말했다. 그는 《노인과 바다》를 400번 이상 퇴고했다고 한다. 톨스토이는 《전쟁과 평화》를 무려 35년간 퇴고했다. 일필휘지로 완벽하게 글을 쓸 수 있으면 얼마나 좋겠냐만 헤밍웨이나 톨스토이도 불가능한 일이다.

글의 재료 차고 넘쳐야 | 좋은 글을 쓰기 위해서는 글의 재료, 글감이 좋아야 한다. | **잘 들어야 잘 쓴다** | 인터뷰가 잘 되면 전체 글쓰기 작업의 7할은 끝났다고 봐도 된다. | **무엇을 쓸까?** | 독창적인 내용, 새로운 형식, 사회적 파급력에서 이전의 글과 차별성이 있으면 새로운 것으로 대접받을 수 있다. | **틀을 생각하자** | 글의 구성, 구도를 잘 잡아야 한다. | **일단 쓰자** | 한 단어, 한 문장이라도 일단 쓰는 것이 중요하다. | **첫 문장이 리드한다** | 첫 문장이 중요하다. 독자를 사로잡아야 한다. | **짧을수록 명쾌하다** | 문장이 길면 독자가 내용을 파악하기 어렵다. | **접속어는 아껴쓰자** | 접속어가 많으면 문장의 흐름이 자연스럽지 못하고, 문장이 생기를 잃는다. | **정확하게** | 내용이 충실하고 정확해야 글이 생명력을 갖는다. | **쉽게** | 쉽게 쓰려면 글을 쓰는 사람이 내용을 잘 이해해야 한다. | **너무 꾸미지 말자** | 좋은 글을 쓴다는 명분을 내세워 지나치게 꾸미는 것을 경계해야 한다. | **함부로 베끼지 말자** | '정당한 범위'와 '공정한 관행'을 벗어나 무단으로 전재轉載하거나 재배포하면 안 된다. | **퇴고는 필수** | 퇴고의 출발점은 타인의 시선으로 내 글을 객관적 입장에서 읽는 것이다. | **문장은 흘러야 한다** | 간결함을 위해서 지나치게 응축하면 문장이 딱딱해지고 뜻이 헛갈리기 쉽다. | **주어 따로, 서술어 따로** | 식당에서 흔히 볼 수 있는 '물은 셀프'라는 문장은 틀렸다. | **문장 구성 요소는 제 자리에 있어야** | 문장 요소를 빠뜨리지 않고 순서에 맞게 배열해야 한다. | **단어와 구절의 급이 맞아야** | 단어를 열거할 때는 같은 성격의 것으로 구나 절을 나열할 때는 같은 구조로. | **중복은 하품을 부른다** | 나왔던 단어가 또 나오면 글의 신선도는 떨어지고 독자는 지루함을 느낀다. | **'들'이 없어서 좋을 때가 많다** | '들'이 없어도 좋을 때는 빼는 것이 좋다. | **소심한 피동형** | 피동형은 힘이 없어 보이고 부자연스러울 때가 많다. | **파견근무가 이루어지다니?** | '-어지다' 유형의 문장을 피하자. '이루는' 것과 어울리지 않는 말을 함께 사용하면 어색하다. | **시키지 말고 하자** | '-하다'면 충분할 자리에 '-시키다'를 쓰는 경우가 많다. | **어제 밥을 먹었었다고?** | 한국어는 시제 형식이 영어처럼 엄격하지는 않다. 그렇다고 아무렇게나 써서는 안 된다. | **'다르다'와 '틀리다'는 다르다** | '다르다'는 '같지 않다'는 뜻이고, '틀리다'는 '맞지 않다'는 뜻이다. | **'이르다'와 '빠르다'는 다르다** | '이르다'는 '대중이나 기준을 잡은 때보다 앞서거나 빠르다'이다. 이에 반해 '빠르다'는 '움직이는 속도가 보통보다 큰 것을 나타냄'이다. | **많이 '가지면' 탈이 난다** | 영어 have 동사의 영향 때문인지 '가지다'를 남용한다. | **받을 때도 조심해서 받자** | '발급받다', '수여받다' 등의 동사에는 '받다'의 의미가 이미 들어 있다. | **헤프게 '주지' 말자** | '제공, 부여, 반환'에는 '주다'의 뜻이 포함되어 있다. | **접하다, 통하다, 펼치다** | 쓰임새가 다양한 단어를 지나치게 포괄적으로 사용하면 글이 단조로워지고 본래의 의미에서 벗어나기 쉽다. | **'멋대로 동사'들을 어찌할까** | 명사 뒤에 '하다'를 갖다 붙이기만 하면 동사가 될까? '하다'를 붙이면 어색한 단어가 있다. | **한자어를 쓰면 권위가 있어 보인다?** | 한자어를 잘못 사용하면 글이 딱딱해지거나 의미가 달라진다. | **사자성어, 알고 쓰자** | 사자성어를 잘 쓰면 구구절절 설명할 필요 없이 상황이나 뜻을 전달할 수 있다. | **'유명세'는 타는 것이 아니다** | '유명세'는 유명해져서 당하는 불편을 말한다. | **60대 여성이 재원?** | 인물을 묘사하거나 설명할 때는 나이와 성별에 적합한 단어를 써야 한다. | **지원자가 서류를 '접수'한다?** | 주체와 서술어의 관계를 파악해 정확하게 사용해야 한다. | **공무원도 모르는 '관공서 용어'** | 쉬운 단어가 있음에도 관공서에서는 종종 어렵고 딱딱한 표현을 고집한다. | **'피고'와 '피고인'은 같은 사람?** | 법률용어, 의학용어는 일반인이 이해하기 어려운 것이 수두룩하다. | **'화(化)'를 조화롭게 쓰려면** | '-화하다'를 붙일 수 없는 명사가 있다. | **'여부(與否)'는 '여분(餘分)'이다** | 여부는 '그러함과 그렇지 않음'이다. '-인지, -ㄹ지' 뒤에 오는 '여부'의 상당수는 군더더기이다. | **주인공과 장본인** | 주인공은 좋은 일의 중심인물을 가리킨다. 이에 반해 장본인은 부정적인 의미로 사용된다. | **관계자를 줄이자** | 기사에서 실명을 밝히지 않고 '관계자'로 표시하는 경우가 많다. | **단행, 돌입, 전격** | 강하고 자극적인 표현이 효과적이라고 생각하기 쉽지만 반복되면 글이 거칠어지고 품위가 없어 보인다. | **숫자는 말썽꾸러기** | 숫자와 관련된 표현은 글을 쓴 사람 이외에는 잘못을 찾아내기 쉽지 않다. | **물결표 뒤쪽을 잘 살피자** | '3~40만 원'이라고 적으면 '3원~40만 원'을 의미한다. '30만~40만 원'이 아니다. | **'부터'와 '까지'의 함정** | '부터'는 어떤 일이나 상태 따위에 관련된 범위의 시작을 나타내는 보조사다. 뒤에 끝을 나타내는 '까지'가 와서 짝을 이루는 것이 보통이다. | **'있어서' 불편할 때가 있다** | '~에 있어서'는 일본어 잔재다. 맥락에 따라 '~은, ~는, ~를' 등으로 바꾸면 훨씬 자연스럽다. | **잉글리시, 또 잉글리시** | 영어를 쓸 때 쓰더라도 정도껏 써야 한다. | **호들갑스러운 작은따옴표** | 작은따옴표가 많으면 글이 호들갑스러워진다. 있어도 되고 없어도 되면 없는 것이 더 좋다. | **'화제'와 '눈길'을 강요하지 말라** | '화제'나 '눈길' 같은 표현은 독자의 소매를 끌어당기며 호객행위를 하는 것이다. | **너무 흔한 '너무'** | '너무'는 부정적인 의미의 문맥과 더 어울리는 단어다. | **'더 이상'은 없다** | '더 이상'을 '더는' 혹은 '더로' 바꾸는 편이 좋다. | **조금은 '덜 개인적'으로** | 글쓰기와 말하기는 필자와 화자의 생각을 드러내는 행위이다. | **모처럼만에 우연찮게** | '모처럼' 자체가 '아주(일껏) 오래간만에', '벼르고 별러서 처음으로'라는 뜻이니 '만에'를 덧댈 필요가 전혀 없다. | **유행어·신조어는 한철** | 유행어에는 유머와 재치가 녹아 있다. 그러나 많이 쓰면 글의 품위가 떨어진다. 글이 가벼워진다. | **배려하는 마음 가져야** | 우리가 일상적으로 사용하는 표현 가운데 다른 사람을 비하하거나 차별하는 언어가 많다.

2부

글 바루기

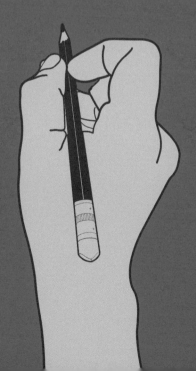

14

문장은 흘러야 한다

간결함을 위해서 지나치게 응축하면
문장이 딱딱해지고 뜻이 헛갈리기 쉽다.
강물이 흐르듯, 문장도 흘러야 자연스럽다.

A. 옷 로비 사건 내사 결과 보고서 유출 수사가 막바지에 이른 가
   운데….
B. 옷 로비 사건의 내사 결과 보고서가 유출된 데 대한 수사가 막바지
   에 이른 가운데….

A는 필자가 법조기자일 때 쓴 글이다. 다시 볼 때마다 얼굴이 화끈
달아오른다. 명사가 줄줄이 나와 리듬감이 없고 읽는 맛이 떨어진다.
선배 기자는 이 문장을 B로 고쳤다. 몇 글자 바꿨을 뿐인데 훨씬 부드
럽다. 다음 예문을 보자.

수정전 국립공원공단은 국립공원 자연자원보전 및 탐방질서 확립을 위해 여름성수기 집중단속을 실시한다.

수정후 국립공원공단은 국립공원의 자연자원을 보전하고 탐방질서를 확립하기 위해 여름성수기 집중단속을 실시한다.

수정전 향후 지속적인 앱 기능 확대로 환자의 편의성을 높이겠습니다.

수정후 앞으로 꾸준히 앱의 기능을 늘려 환자의 편의성을 높이겠습니다.

명사 사이에 조사 **의**를 넣은 경우가 많지만 이것도 이른바 '번역투' 문장이 되어 자연스럽지 않게 느껴진다. 이럴 때는 서술형으로 풀어 써 주면 된다.

수정전 지루한 이야기의 종식을 위해 세계관의 전환이 필요하다.

수정후 지루한 이야기를 종식하기 위해 세계관을 전환해야 한다.

수정전 오미크론 변이 바이러스의 국내 유입 차단을 위한 조치를 빈틈없이 해야 한다.

수정후 오미크론 변이 바이러스가 국내에 유입하는 것을 차단하기 위해 빈틈없이 조치해야 한다.

간결하게 쓰기 위해 명사만 나열하거나 명사형을 남용하다 보면 글이 딱딱해지고 자연스러움을 잃는다. 이럴 때는 부사와 동사 중심

<u>으로</u> 풀어 쓰는 방법이 해결책이다.

① 인위적인 주가 조작을 하는 세력이…

② 인위적으로 주가를 조작하는 세력이…

③ 신속하고 충분한 보상이 이뤄지지 않은 데 대해…

④ 신속하고 충분하게 보상받지 못한 데 대해…

눈치 빠른 독자는 ①, ③보다 ②, ④가 부드럽다는 것을 발견했을 것이다. 풀어 쓴다고 해서 글자 수가 그리 늘어나는 것도 아니다. **수식어＋명사형＋을(를) 하다**보다는 **부사어＋동사** 형태가 더 우리말답다. 위의 공식에 딱 들어맞지는 않지만 부사어를 잘 활용하면 문장이 훨씬 매끄러워진다는 것을 아래 예문에서 확인할 수 있다.

> **수정전** 생필품 가격이 <u>전반적인</u> 안정세를 보이고 있다.
> **수정후** 생필품 가격이 <u>전반적으로</u> 안정세를 보이고 있다.

> **수정전** 디지털 콘텐츠 유통 사업을 통해 <u>지속적인</u> 수익 다각화를 실현해 나갈 것이다.
> **수정후** 디지털 콘텐츠 유통 사업을 통해 <u>지속적으로</u> 수익 다각화를 실현해 나갈 것이다.

수식어＋명사형 뒤에 서술어를 잘못 쓰면 번역문 냄새가 풀풀 난다. 특히 '~이 이루어지다', '~을 가지다', '~을 필요로 하다'가 따라올 때 그렇다.

수정전 발상의 <u>전환을 필요로 한다</u>.

수정후 발상 <u>전환이 필요하다</u>.

수정전 더 많은 시장 <u>왜곡을 가져올</u> 수 있다.

수정후 시장을 더 <u>왜곡할</u> 수 있다.

15

주어 따로,
서술어 따로

식당에서 흔히 볼 수 있는 '물은 셀프'라는 문장은 틀렸다.
주어와 서술어가 일치하지 않는다.

유치원 선생님이 '하나, 둘' 하면, 어린이들은 큰 소리로 '셋, 넷'으로 화답한다. '병아리'에는 '삐악삐악'이 나온다. 이처럼 호응은 중요하다. 장단이 맞아야 한다는 말이다.

문장에서도 마찬가지다. 문장에서 주어는 머리고 서술어는 다리다. 문장을 구성하는 주어·목적어·서술어는 서로 맞아떨어져야 한다. 사람 머리엔 사람 다리가, 닭 머리엔 닭 다리가 따라야 한다. 실상은 그렇지 않을 때가 많다.

필자가 가끔 찾는 한 식당에 **우리 업소의 쌀은 국내산 쌀만 사용함**이라는 안내문이 붙어 있다. 수입 쌀이 아닌 국산 쌀을 사용한다는 사실을 강조하고 있다. 그런데 주어와 서술어가 어울리지 않는다. **우리**

업소는 국산 쌀만 사용합니다로 고치면 문장이 깔끔하다.

아래 사례들을 하나씩 살펴보자.

① 세법이 세법을 만든다고 말하는 것이 되어 비문이다. 두 문장으로 나누면 뜻이 명쾌하게 드러난다.

수정전 우리 세법은 국민에게 세부담이 공평하게 배분되도록 조세평등주의에 따라 세법을 만들고 해석하고 적용한다.

수정후 우리 세법의 원칙은 국민에게 세부담을 공평하게 배분하는 조세평등주의다. 이 원칙에 따라 국회와 정부는 세법을 만들고 해석하고 적용한다.

② 진료비를 결제하는 주체는 환자이고, 진료비를 깎아 주는 것은 병원이다.

수정전 <u>병원은</u> 진료비를 전액 현금으로 결제하고 현금영수증을 발급하지 않는 조건으로 진료비의 5%를 깎아 주겠다고 제안했다.

수정후 <u>환자가</u> 진료비를 전액 현금으로 결제하고 현금영수증을 요구하지 않는 조건으로 병원은 진료비의 5%를 깎아 주겠다고 제안했다.

③ 주어와 서술어 문제다. **조씨=혐의** 공식은 성립하지 않는다.

수정전 A씨는 24일 낮 대구 달성군 유가읍에서 정치적 고향에 살게 된 소감과 메시지를 전하던 박근혜 전 대통령을 향해 <u>소주병을 던진</u>

<u>혐의다.</u>

수정후 A씨는 24일 낮 대구 달성군 유가읍에서 정치적 고향에 살게 된 소감과 메시지를 전하던 박근혜 전 대통령을 향해 <u>소주병을 던진 혐의를 받고 있다.</u>

목적어가 여럿이고 하나의 서술어로 의미를 전달할 수 없으면 목적어마다 서술어가 있어야 한다. 서술어를 하나로 통일하려면 여러 목적어가 서술어와 호응하도록 해야 한다. 그렇지 않으면 문장이 어색해진다. 다음 예문을 보자.

④ **가습기**를 널기는 어렵다. **가습기**와 **빨래**에 각각 다른 술어가 필요하다.

수정전 겨울철에는 <u>가습기나 빨래를 널어</u> 실내 습도를 조절한다.

수정후 겨울철에는 <u>가습기를 틀거나 빨래를 널어</u> 실내 습도를 조절한다.

⑤ 목적어 **가족사진**과 **옛날 얘기**를 서술어 **나누느라**가 공유하고 있다. 그러나 **가족사진**은 **나누느라**와 어울릴 수 없다.

수정전 우리 일가족은 호텔 거실에 머물면서 <u>서로 가족사진과 옛날 얘기를 나누느라</u> 시간 가는 줄 몰랐다.

수정후 우리 일가족은 호텔 거실에 머물면서 <u>서로 가족사진을 돌려 보고 옛날 얘기를 나누느라</u> 시간 가는 줄 몰랐다.

주어와 서술어가 너무 멀면 곤란하다. 긴 문장에서는 주어와 술어를 가까이 두기만 해도 의미 파악이 수월해진다. **주어＋목적어＋서술어** 순서가 원칙이지만 목적어가 길면 **목적어＋주어＋서술어**로 하는 것이 좋다. 여러 개의 절로 구성된 복문은 이해하기 쉬운 몇 개의 단문으로 나누자.

⑥ 최 판사가 원고·피고와 감정적으로 대립한 것으로 오해할 수 있다.

수정전 최 판사가 감정적으로 대립한 원고와 피고를 판사실로 불러 조정을 시도했다.

수정후 감정적으로 대립한 원고와 피고를 최 판사가 판사실로 불러 조정을 시도했다.

⑦ 학교에 승용차를 몰고 들어온 사람이 경찰인 것처럼 보인다.

수정전 경찰이 학교에 승용차를 몰고 들어와 천연잔디가 깔린 운동장을 훼손한 운전자들을 추적하고 있다.

수정후 학교에 승용차를 몰고 들어와 천연잔디가 깔린 운동장을 훼손한 운전자들을 경찰이 추적하고 있다.

⑧ **국내외 증권사들**이와 **주요 기업들**이가 나란히 있어 어색하다.

수정전 국내외 증권사들이 주요 기업들이 하반기에도 눈에 띄는 실적 개선이 없을 것으로 전망하는 등 비관론이 확산되고 있다.

수정후 주요 기업들이 하반기에도 눈에 띄는 실적 개선이 없을 것으로 국내외 증권사들이 전망하는 등 비관론이 확산되고 있다.

문장에는 주어가 있어야 한다. 그렇다고 반드시 있어야 하는 것은 아니다. 주어가 무엇인지 알 수 있을 때는 생략하면 문장이 간결해진 다. 이때는 앞 문장의 주어가 반복된다고 본다.

⑨ **우민이**의 교육열이 대단한 것으로 보인다.

수정전 <u>초등학생 우민이는</u> 부모가 모두 의사인데 교육열이 남다르다.

수정후 <u>초등학생 우민이의</u> 부모는 모두 의사인데, 부모의 교육열이 남다 르다.

16

문장 구성 요소는
제 자리에 있어야

문장 요소를 빠뜨리지 않고 순서에 맞게 배열해야 한다.
수식어는 수식을 받는 말 가까이 있어야 의미가 정확하게 전달된다.

문장 만들기는 집을 짓는 일과 비슷하다. 기둥·들보·도리·서까래
가 빈틈없이 서로 받치고 버티고 연결되어야 한다. 말을 할 때는 문장
요소를 좀 어긋나게 배열하거나 일부를 빠뜨려도 별 탈이 없지만, 글
은 다르다.

문장을 구성하는 요소를 갖췄다고 훌륭한 문장이 되는 것이 아니
다. 제 위치에 있어야 의미가 제대로 전달된다. 자기 자리가 아닌 곳
에 있으면 엉뚱한 오해를 불러일으키기 쉽다. 한 가지 원칙을 기억하
자. 관형어·부사어 등 수식어는 수식 받는 말 가까이에 놓자.

① 한라산이 탑동과 용연 구름다리를 잇는 것으로 오해할 수 있다.

수정전 제주시 탑동과 용연 구름다리를 잇는 한라산 높이와 같은 길이의 관광·테마 거리가 내년 1월 완공된다.

수정후 제주시 탑동과 용연 구름다리를 잇는 관광·테마 거리가 내년 1월 완공된다. 거리의 길이는 한라산 높이와 같다.

② **솔직하고 냉정한 것**이 선생님인지, 아니면 답변인지 헷갈리지 않도록 해야 한다.

수정전 제가 말씀드린 문제에 솔직하고 냉정한 선생님의 답변을 부탁드립니다.

수정후 제가 말씀드린 문제에 선생님의 솔직하고 냉정한 답변을 부탁드립니다.

③ 열거한 선수들이 1~3년차 선수인 것처럼 보인다.

수정전 프로야구 한화에는 추신수·김광현·김현수·박병호·양현종과 같은 1~3년차 선수들이 옆에서 지켜보고 따라 할 롤모델이 없다.

수정후 프로야구 한화에는 1~3년차 선수들이 옆에서 지켜보고 따라 할 추신수·김광현·김현수·박병호·양현종과 같은 롤모델이 없다.

위의 예문에서 보듯이 수식하는 말이 어디에 있는지에 따라 뜻이 달라진다. 이런 경우 제 위치를 잘 잡아주면 의도를 살릴 수 있다. 글을 쓰는 사람은 독자의 입장에서 문장을 바라보는 연습을 해야 한다.

단어의 위치에 따라 문장의 의미가 달라질 수 있다. 아래 예문을 보자.

④ 문장대로라면 자동차 검사소로 지정된 시점이 며칠 전이다. 카센터를 찾아간 시기가 며칠 전이라면 '며칠 전'의 위치를 옮기자.

수정전 며칠 전 자동차 검사소로 지정된 카센터를 찾아갔다.

수정후 자동차 검사소로 지정된 카센터를 며칠 전 찾아갔다.

⑤ 소매치기 사건이 얼마 전에 발생한 것처럼 보인다. 경찰에 붙잡힌 시점이 얼마 전이라는 뜻이라면 단어의 위치를 바꾸어야 한다.

수정전 얼마 전 혼잡한 출퇴근 시간대를 노려 지하철 구간을 돌며 승객들을 상대로 소매치기를 일삼은 전문 소매치기범이 경찰에 붙잡혔다.

수정후 혼잡한 출퇴근 시간대를 노려 지하철 구간을 돌며 승객들을 상대로 소매치기를 일삼은 전문 소매치기범이 얼마 전 경찰에 붙잡혔다.

위치를 바로 잡는 것으로도 부족할 때가 있다. 뜻이 제대로 통하도록 문장을 가다듬어야 한다.

⑥ 문장대로라면 비품을 함부로 만진다는 뜻이 된다. 비품을 함부로 만지고도 고장 나지 않도록 하는 것은 매우 어렵다.

수정전 김 실장님께 잘 보이는 방법은 인사를 잘하고 비품을 함부로 만저 고장 내지 않는 것이다.

수정후 김 실장님께 잘 보이는 방법은 인사를 잘하고 비품이 고장 나지 않도록 함부로 만지지 않는 것이다.

17

단어와 구절의
급이 맞아야

단어를 열거할 때는 같은 성격의 것으로,
구나 절을 나열할 때는 같은 구조로.
그래야 문장에 리듬감이 생긴다.

■ 기회는 평등하고, 과정은 공정하며, 결과는 정의로운 나라를 만들겠
습니다.

■ 나는 봄이면 새싹 돋아나고, 여름이면 녹음 우거지고, 가을이면 단풍
물들고, 겨울이면 눈꽃 피어나는 이 대지 위에서 태어났고, 자라 왔
으며, 살아갈 것이다.

글은 음악과 비슷하다. 앞의 예문은 같은 구조가 반복되어 리듬이
생겨 경쾌하다. 그러나 운율이 맞지 않으면 문장이 딱딱해지고 어색
하다.

다음 예문을 보자.

① '통학 버스'는 구, '엄마와 손잡고 이야기하며 걷는 것'은 절의 형태다.

수정전 통학 버스 대신 엄마와 손잡고 이야기하며 걷는 것을 아이가 좋아한다.

수정후 통학 버스를 타지 않고 엄마와 손잡고 이야기하며 걷는 것을 아이가 좋아한다.

② 앞의 두 지역은 '나라+도시' 구조인데 미국은 나라만 있고 도시가 없다. 미국의 도시 이름을 넣든가, 아니면 다른 나라도 도시 이름을 빼야 한다

수정전 프랑스 파리, 이탈리아 밀라노, 미국 등이 세계 패션을 주름잡고 있다.

수정후 프랑스의 파리, 이탈리아의 밀라노, 미국의 뉴욕 등이 세계 패션을 주름잡고 있다.

③ 비교의 대상이 잘못됐다. '남자의 질투'에 대응하는 말은 '여자'가 아니라 '여자의 질투'이다

수정전 남자의 질투는 여자보다 무섭다.

수정후 남자의 질투는 여자의 질투보다 무섭다.

④ **노사 간의 신뢰 회복**은 '명사+명사'인데 비해 **제도를 정비하는 것**은 '목적어+서술어' 형태다. 둘 다 같은 구조로 통일하기 위해 **노사 간의 신뢰를 회복하고 제도를 정비하는** 또는 **노사 간의 신뢰 회복과 제도 정비가**로 수정하자.

수정전 합리적인 노사관계를 구축하기 위해서는 <u>노사 간의 신뢰 회복과</u> <u>제도를 정비하는 것</u>이 필요하다.

수정후 합리적인 노사 관계를 구축하기 위해서는 <u>노사 간의 신뢰 회복과</u> <u>제도 정비</u>가 필요하다.

⑤ 감기약과 타이레놀은 동격이 아니다. 타이레놀이 감기약이라는 범주 안에 포함된다.

수정전 <u>감기약이나 타이레놀조차</u> 구하기 어려워 애를 먹는 코로나19 재택치료자들이 적지 않다.

수정후 <u>감기약의 하나인 타이레놀조차</u> 구하기 어려워 애를 먹는 코로나19 재택치료자들이 적지 않다.

18

중복은 하품을 부른다

좋은 얘기도 자꾸 들으면 싫증이 난다.
조금 전에 나왔던 단어가 또 나오면
글의 신선도는 떨어지고 독자는 지루함을 느낀다.

문장에서 같은 단어와 구절이 중복되는 것을 피하자. 한 문장 안에서는 물론이고, 인접한 문장끼리도 마찬가지다. '같은 말을 두 번 말하는 것은 죄악'이라고 선언한 사람도 있다. 다음은 어느 대학의 웹진에 실린 기사다.

> 지난 12월 3일, 간호대학은 제 5회 간호인의날 학술제를 <u>진행했다</u>. 도서관 3층 문화강연실에서 간호대학 1~4학년을 대상으로 <u>진행되었다</u>. 작년까지 <u>진행되었던</u> 학부모 간담회는 코로나로 인해 금년도는 학부모 소식지 발송으로 대체하여 <u>진행되었다</u>. 부총장님과 학장님의 환영사로 시작하여 자격증 취득에 대한 학생들의 발표, 4학년 학생들의 논문 연구 발표를 <u>진행했다</u>.

다른 것은 제쳐 두고, 문장마다 **진행**이라는 단어를 반복하여 독자를 쫓아내고 있다. 신문이나 잡지의 기사를 유심히 보면 '말했다, 밝혔다, 강조했다, 주장했다' 등으로 동사를 바꾼다. '말했다'를 반복하지 않기 위해서다. 다음 인터넷 기사에서도 서술어가 계속 바뀐다.

줄기세포 개발기업 주가는 강세를 보였다. 차바이오텍 주가는 6.20%(1550원) 급등한 2만6550원에, 안트로젠 주가는 5.42%(3300원) 뛴 6만4200원에, 테고사이언스 주가는 3.28%(950원) 상승한 2만9900원에 장을 끝냈다. 메디포스트 주가는 1.51%(450원) 오른 3만200원에, 강스템바이오텍 주가는 1.45%(90원) 상승한 6300원에, 코아스템 주가는 1.10%(200원) 더해진 1만8350원에, 코오롱생명과학 주가는 0.34%(100원) 높아진 2만9850원에 거래를 마쳤다. 반면 바이오솔루션 주가는 1.37%(400원) 하락한 2만8900원에, 프로스테믹스 주가는 0.42%(15원) 내린 3595원에 장을 종료했다. 파미셀 주가는 전날과 동일한 1만7750원에 거래를 마무리했다.

글을 쓸 때 의도적으로 중복·반복을 할 때가 있다. 특정한 것을 강조할 때다. 음악에서 초반에 나왔던 멜로디를 후반부에 같거나 흡사하게 재현하는 것과 비슷하다. 이것은 의도적이어야 한다. 문제는 저자가 의식하지 못한 반복이다. 글의 긴장감을 떨어뜨리는 결과를 가져온다. 우리말과 한자어가 어울릴 때 흔히 나타나는 겹말은 자칫 한자어의 뜻도 모르고 글을 썼다는 인상을 줄 수 있다.

① 완주는 목표한 지점까지 다 달리는 것을 말한다.

수정전 A후보의 팬카페에서 한 지지자는 "끝까지 완주하기를 바랐다"며 당황스럽다는 반응을 보였다.

수정후 A후보의 팬카페에서 한 지지자는 "완주하기를 바랐다(또는 "끝까지 달리기를 바랐다")"며 당황스럽다는 반응을 보였다.

---

② **필요한**에서 필은 **반드시**와 뜻이 겹친다

수정전 백신연구소는 재조합 단백질 백신 제조에 <u>반드시 필요한</u> 면역증강제를 자체 개발해 보유하고 있다.

수정후 백신연구소는 재조합 단백질 백신 제조에 <u>필요한</u> 면역증강제를 자체 개발해 보유하고 있다.

---

③ 지병持病은 오랫동안 잘 낫지 않는 병이다.

수정전 <u>오랜 지병</u>인 신부전의 최후 투병 수단으로 투석을 시작했다.

수정후 <u>지병</u>인 신부전의 최후 투병 수단으로 투석을 시작했다.

---

④ '각=씩'이다. 둘 중 하나를 선택하자.

수정전 신용평가사 무디스와 피치는 러시아의 신용등급을 <u>각각 6계단씩</u> 낮췄다.

수정후 신용평가사 무디스와 피치는 러시아의 신용등급을 <u>6계단씩</u> 낮췄다.

⑤ **예상하지 못한**과 **갑작스러운**은 같은 뜻이다.

수정전 예상하지 못한 갑작스러운 출장으로 옷가지를 챙겨 오지 못했다.

수정후 갑작스러운 출장으로 옷가지를 챙겨 오지 못했다.

⑥ 전기가 전깃줄 밖으로 흘러나오는 현상이 누전이다.

수정전 전기 누전이나 난방기구 과열로 인한 화재로 추정된다.

수정후 누전이나 난방기구 과열로 인한 화재로 추정된다.

⑦ **예약**에는 **미리**의 의미가 포함되어 있다.

수정전 가이드가 많지 않으므로 주말과 성수기에는 미리 예약해야 한다.

수정후 가이드가 많지 않으므로 주말과 성수기에는 예약해야 한다.

19

'들'이 없어서
좋을 때가 많다

'들'이 없어도 좋을 때는 빼는 것이 좋다.
문맥상 복수임을 짐작할 수 있거나,
다른 어휘로 복수라는 것을 알 수 있을 때.

혼자서는 외로워서일까, 사물을 복수로 만드는 경우가 많다. 원칙적으로 셀 수 있는 명사 뒤에 접미사 '들'을 붙이면 복수가 된다.

■ 국내가 아닌 해외에서 더 인기를 얻는 브랜드들이 늘어나고 있다.
■ 로봇올림피아드에 참가한 어린이들이 진지한 표정으로 로봇을 조립하고 있다.
■ 더운 여름날 해수욕장에선 '쏴아'하는 소리와 함께 밀려오는 시원한 파도 소리가 더위에 지친 사람들의 귀를 씻어준다.

들은 명사뿐만 아니라 '그들처럼, 저들처럼'에서와 같이 대명사에도 붙는다. 때로는 부사나 동사 뒤에 붙기도 한다. 이 경우는 주어나 말을 듣는 사람이 복수라는 것을 전제로 한다. '많이들 먹어라', '잘들 논다', 'TV 보고들 있어'처럼. 심지어 복수가 될 수 없는 단어에도 **들**을 붙인다. '수고들 하세요', '감기들 조심하세요'가 그런 예다.

이처럼 **들**은 약방의 감초처럼 쓰인다. 특히 영어식 표현에 익숙하게 되면서 **들**은 이곳저곳에 등장하느라 바쁘다. 그러나 꼬박꼬박 **들**이 나와 오히려 문장을 어색하게 만드는 경우가 많다. 문맥상 복수임을 짐작할 수 있거나, 다른 어휘로 복수라는 것을 알 수 있을 때다. **들**을 들어내고 단수로 하는 것이 자연스럽다.

① 구체적인 숫자가 있어 문맥상 복수임을 알 수 있다. **학생**이면 족하다.

수정전 전시회에는 19개 팀 <u>72명의 학생들</u>이 참여해 성황리에 막을 올렸다.

수정후 전시회에는 19개 팀 <u>72명의 학생</u>이 참여해 성황리에 막을 올렸다.

② **모든**으로 복수임을 알 수 있다. **모든 장교는** 또는 **장교들은**.

수정전 우리나라의 <u>모든 장교들</u>은 임관 후 최소한 3년간 근무하도록 되어 있다.

수정후 우리나라의 <u>모든 장교</u>는 임관 후 최소한 3년간 근무하도록 되어 있다.

③ **들**이 두 번 나온다. **여러**가 복수를 나타내기 때문에 **학교**면 된다.

수정전 영화를 만들기 위해 <u>여러 학교들</u>을 다니며 학생들을 인터뷰했다.

수정후 영화를 만들기 위해 <u>여러 학교</u>를 다니며 학생들을 인터뷰했다.

---

④ 수증기·공기·구름 등 셀 수 없는 명사는 원칙적으로 복수로 표현할 수 없다

수정전 상승하는 <u>수증기들</u>이 주변의 낮은 <u>공기들</u> 때문에 냉각되고 서서히 뭉치면서 구름들이 생겨난다.

수정후 상승하는 <u>수증기</u>가 주변의 낮은 <u>공기</u> 때문에 냉각되고 서서히 뭉치면서 구름이 생겨난다.

집합 개념이 있는 명사에도 '들'은 성가신 존재다.

---

⑤ **교수진**은 '교수들로 구성된 집단'이다. **진**陣에 복수 의미가 있다.

수정전 우리 대학은 경험 많고 연구성과가 뛰어난 훌륭한 <u>교수진들</u>과 우수한 커리큘럼 등 최고의 환경을 갖추고 있습니다.

수정후 우리 대학은 경험 많고 연구성과가 뛰어난 훌륭한 <u>교수진</u>과 우수한 커리큘럼 등 최고의 환경을 갖추고 있습니다.

---

⑥ **한 가족**을 말할 때는 '가족'으로 충분하다. **가족들**은 '여러 가족'을 의미한다.

수정전 한국전쟁 때 박수근은 남한으로 피난을 내려왔고 이후 <u>가족들</u>과

함께 서울시 종로구 창신동에 정착했습니다.

수정후 한국전쟁 때 박수근은 남한으로 피난을 내려왔고 이후 <u>가족</u>과 함

께 서울시 종로구 창신동에 정착했습니다.

20

소심한 피동형

피동형은 힘이 없어 보이고 부자연스러울 때가 많다.
가급적 능동형을 사용하여 문장에 활기를 불어넣자.

철학자 최진석 교수는 "주체적인 삶을 살아야 한다."라고 강조한다. 모든 일에서 내가 주인이고, 출발점이라는 인식을 가져야 한다는 뜻 이다. 자신이 추구하는 욕망에 집중해야 하며 다른 사람의 눈치를 보 거나 외부의 환경에 휘둘리지 말아야 한다고 주문한다.

우리는 주체적·능동적인 삶을 추구하면서도 글쓰기에서는 실천하 지 못할 때가 많다. 자신의 입장을 분명하게 드러내지 않고 피동형 문 장을 사용하는 경우가 많다.

중학교 영어 시간에 능동태 문장을 수동태로 바꾸는 방법을 배우 느라 꽤나 고생했다. 능동태의 목적어가 수동태의 주어가 되고, 동사 는 'be동사+과거분사'로 바뀌고…. 오랜 세월이 지난 지금도 공식을 선명하게 기억하고 있다. 반면 국어 시간에 능동태와 수동태를 특별히 공부한 기억은 없다. 우리말은 능동형 중심이어서 문법적으로 그런 구분 자체가 없기 때문이다. 다만 영어의 'be동사＋과거분사' 역할을 하는 피동형이 있다.

■ 코로나19의 재확산으로 군항제가 취소됐다.
■ 무너져 가는 시멘트 벽 여기저기에 알 수 없는 붉은색 숫자며 '공가'라는 글자 따위가 적힌 게 보였다.
■ 돈의문은 태조 5년인 1396년 도성 서쪽의 대문으로 창건되었으며, 흔히 서대문이라고 불린다.
■ 국제백신연구소(IVI)는 콜레라, 결핵, 말라리아 등 감염성 질병으로 죽어가는 세계의 어린이들을 살리기 위해 유엔개발계획 주도로 2003년 설립됐다.

위의 예문에서처럼 피동형은 사물이 주어이거나 동작·행위에 초점을 맞춰 쓸 때 유용하다. 주어를 알 수 없거나 의도적으로 드러내지 않고자 할 때도 편리하다. 간접적이고, 정중하고, 공격적이지 않다. 이런 특성 때문에 조심스럽게 표현할 때 피동형을 사용한다.

그러나 피동형은 능동형보다 힘이 없어 보이고 부자연스러울 때가 많다. 일반적으로 능동형은 문장이 짧고 정확하며 누가 무엇을 했는지 분명하다. 문장에 자신감이 넘친다.

수정전 라이브 댓글 참가자들에게 추첨을 통해 소정의 <u>사은품이 제공</u>
<u>된다.</u>

수정후 라이브 댓글 참가자들에게 추첨을 통해 소정의 <u>사은품을 제공</u>
<u>한다.</u>

수정전 수출 100억 달러 달성의 주역인 수출 유공업체 35곳에 대해 <u>정</u>
<u>부 포상이 주어졌다.</u>

수정후 수출 100억 달러 달성의 주역인 수출 유공업체 35곳을 <u>정부가</u>
<u>포상했다.</u>

작가들은 능동태와 능동형에 높은 점수를 준다. 윌리엄 진서는《글
쓰기 생각쓰기》에서 "명료함과 활력에서 능동 동사와 수동 동사의 차
이는 삶과 죽음의 차이만큼이나 크다."라고 했다. 스티븐 킹은《유혹
하는 글쓰기》에서 "작가들이 수동태를 좋아하는 까닭은 소심한 사람
들이 수동적인 애인을 좋아하는 까닭과 마찬가지다."라고 말했다. 어
슐러는《글쓰기의 항해술》에서 "수동태는 관료들과 소심한 학자들에
게 사랑받고, 책임을 지기를 원하는 작가들에게는 대체로 외면받는
다."라고 말했다. 이런 주장을 우리글에 적용해도 무리가 없을 듯하
다. 가급적 능동형으로 문장에 활기를 불어넣자.

다음 용례는 우리가 자주 쓰는 피동형이다.

수정전 영화 인어공주의 성공 여부 판단은 캐스팅이 이뤄지는 지금이 아

니라 영화가 개봉한 후가 되어야 할 것으로 보인다.

수정후 영화 인어공주의 성공 여부 판단은 캐스팅이 이뤄지는 지금이 아니라 영화가 개봉된 뒤에 해야 한다.

수정전 여러 유형의 암보험이 판매되고 있어 소비자는 신중한 선택이 요구된다.

수정후 여러 유형의 암보험이 판매되고 있어 소비자는 신중하게 선택해야 한다.

수정전 회사와 직접적으로 관련 없지만 사회적 물의가 빚어져 송구스럽게 생각한다.

수정후 회사와 직접적으로 관련 없지만 사회적 물의를 빚어 송구스럽게 생각한다.

수정전 지역사회획득 세균성 장염CABE의 발병 병원체를 규명하고 환자 수 감소를 위한 보건의료 정책이 수립되어야 한다.

수정후 지역사회획득 세균성 장염CABE의 발병 병원체를 규명하고 환자 수를 감소시키기 위한 보건의료 정책을 수립해야 한다.

21

파견근무가
이루어지다니?

‘-어지다’ 유형의 문장을 피하자.
‘이루는’ 것과 어울리지 않는 말을 함께 사용하면 어색하다.

사람은 더 나아지고자 하는 욕심, 향상심向上心을 갖고 있다. 향상심은 꿈을 구체적인 목표로 바꾸고, 그 목표에 도달하도록 이끈다. 목표를 달성할 때 우리는 성취감을 느낀다. 하지만 뜻한 대로 이루기란 쉽지 않다. 이 때문일까? 능동형 **이루다**를 써야 할 자리에 피동형 **이루어지다**를 사용하는 경우가 많다.

가능하면 피동형을 쓰지 않는 것이 좋다고 앞에서 강조했다. 여기에 ‘-어지다’유類의 문장을 피하라는 조언을 보태고 싶다. 자연스럽지 못한 피동형이다. 먼저 **이루어지다**를 예로 들 수 있다. **이루어지다**는 **이루다**의 피동형이지만 널리 쓰이기 때문에 사전에도 등재됐다. ‘성사되다, 구성되다’라는 의미의 자동사다. ‘뜻이 이루어지다’, ‘물은 산소와 수소로 이루어진다'처럼 사용한다. 그러나 '이루는' 것과 어울리지 않는 말을 함께 사용하는 경우가 많다.

수정전 한국은 국가 우주력 구성 요소 중 발사체 독립과 위성 제작 능력을 갖췄지만, 그 외의 분야는 더 많은 <u>투자가 이뤄져야 한다</u>.

수정후 한국은 국가 우주력 구성 요소 중 발사체 독립과 위성 제작 능력을 갖췄지만, 그 외의 분야에 더 많이 <u>투자해야 한다</u>.

수정전 택시업계는 <u>제도 개선이 이뤄진 후</u> 심야 시간에 3500여 대 택시를 추가 운행하면, 시민들이 택시 승차에 어려움을 겪는 일이 크게 줄어들 것으로 보고 있다.

수정후 정부가 <u>제도를 개선해</u> 심야 시간에 3500여 대 택시를 추가 운행하도록 하면, 시민들이 택시 승차에 어려움을 겪는 일이 크게 줄어들 것으로 택시업계는 보고 있다.

수정전 <u>후보단일화가 이뤄졌어도</u> 한 표가 아쉽고 소중한 상황입니다.

수정후 <u>후보단일화를 했지만</u> 한 표가 아쉽고 소중한 상황입니다.

수정전 <u>조직 개편이 이루어질 경우</u> A씨가 장관이 될 가능성이 크다.

수정후 <u>조직을 개편할 경우</u> A씨가 장관이 될 가능성이 크다.

예문을 언뜻 봐서는 뭐가 잘못됐는지 눈치 채기 어렵다. 그러나 수정한 예문을 보면 원래의 문장이 어색하다는 사실을 알 수 있다.

이루어지다가 적절한지 알아볼 수 있는 간단한 요령 한 가지. 능동형으로 바꿔 보면 파악하기 쉽다. '꿈이 이루어지다(→꿈을 이루다)'는 자연스러우니 괜찮다. 반면 '공급이 이루어지다(→공급을 이루다)'는 어색하다. 하나 더. **주어지다**도 글을 쓸 때 피해야 할 대상이다.

> **수정전** 포기하지 않는다면, 반드시 기회는 주어진다.
> **수정후** 포기하지 않는다면, 반드시 기회가 온다.

> **수정전** 퇴출 대상 교수들에게는 1개월의 유예기간이 주어진다.
> **수정후** 퇴출 대상 교수들에게는 1개월의 유예기간이 있다.

주어지다는 문맥에 따라 '받다, 얻다, 맡다, 오다, 있다, 정하다, 생기다, 맞다' 등으로 바꿔 쓸 수 있다. '보여지다, 모아지다, 길들여지다, 내려지다, 불려지다, 모셔지다, 보내지다' 등을 쓸 때도 조심해야 한다.

시키지 말고 하자

'−하다'면 충분할 자리에 '−시키다'를 쓰는 경우가 많다.
'−시키다' 문장에는 행위를 하는 다른 주체가 있어야 한다.

한국에 사는 우크라이나인들이 2022년 2월 서울 중구 주한러시아 대사관 근처에서 집회를 했다. 러시아의 우크라이나 침공을 규탄하기 위해서다. 집회 참가자들은 가슴에 손을 얹은 채 국가國歌를 불렀다. 그들이 든 피켓에는 '러시아를 제제시키라!'라는 문구가 적혀 있다. 번역기에 나온 대로 적은 것으로 보인다. 외국인 입장에서 '제재하라'와 '제재시키라'를 구별하기가 쉽지 않을 것이다.

번거롭고 귀찮은 일은 몸소 하기보다 다른 사람에게 시키고 싶은 것이 인지상정人之常情이다. 나이가 들고 몸이 고달플수록, 직급이 올라갈수록 그 정도가 심해진다. 이런 생각이 은연중 반영된 것일까? 문장에서도 **−시키다**가 자주 등장한다.

접미사 **-시키다**는 어떤 명사 밑에 붙어 '(남으로 하여금) ~하게 하다'는 뜻을 나타낸다. 자기가 직접 행동하는 것이 아니라 남에게 행동을 하도록 하는 것이다. 따라서 **-시키다**형의 문장에는 주어 이외에 실제로 행위를 하는 다른 주체가 있어야 한다.

일상생활에서 **-하다**면 충분할 자리에 **-시키다**를 쓰는 경우가 많다. 뜻을 분명하게 하려는 심리가 작동한 결과다. 그러나 의미가 달라지거나 어색한 경우가 많다. 본인이 어렵게 주차한 뒤 '주차 시키느라 힘들었다'고 흔히 말한다. 글자 그대로 해석하면 '다른 사람에게 주차를 맡겨서 힘들었다'는 뜻이다. 대신 주차한 사람이 운전에 미숙했거나, 아무도 주차를 대신 해 주겠다고 나서지 않아 사람을 구하는 데 애를 먹었을 때 쓸 수 있다. 취지대로라면 '주차하느라 힘들었다'가 올바른 표현이다. 엄마가 아이를 혼내면서 하는 말 '거짓말 시키지 마'도 마찬가지다. 글자 뜻으로는 '내가 거짓말을 하게 하지 마'가 된다. 거짓말의 주체가 아이가 아니라 엄마가 되는 것이다.

수정전 천연자원이 빈약한 한국이 어떻게 대처해야 하는가. 자금을 집중시켜야 한다.

수정후 천연자원이 빈약한 한국이 어떻게 대처해야 하는가. 자금을 집중해야 한다.

수정전 커뮤니케이션의 목표는 자신이 전달하려는 메시지를 정확하게 표현해서 상대방을 설득시키는 것이다.

수정후 커뮤니케이션의 목표는 자신이 전달하려는 메시지를 정확하게 표현해서 <u>상대방을 설득하는</u> 것이다.

수정전 직전 대선에서 공화당이 승리해 정권 이양이 확정된 시기, 정치적 책임을 지지 않아도 되는 바로 그 시점에 클린턴 대통령은 <u>권력분립을 무력화시키는</u> 고도의 권력행위인 사면권을 행사했다.

수정후 직전 대선에서 공화당이 승리해 정권 이양이 확정된 시기, 정치적 책임을 지지 않아도 되는 바로 그 시점에 클린턴 대통령은 <u>권력분립을 무력화하는</u> 고도의 권력행위인 사면권을 행사했다.

－시키다를 바르게 사용한 예문을 보자.

■ 이제 아이들을 결혼시킬 나이가 됐어.

■ 논 팔고 소 팔아서 자식 공부시키던 시절이 있었다.

■ 인종 편견과 차별이 심한 미국 사회에서 흑인 대통령의 탄생은 생각만으로도 여러 사람을 흥분시키기에 충분하다.

－시키다가 붙은 말 중에서 잘못 쓰기 쉬운 단어가 의외로 많다. 개선시키다, 격추시키다, 금지시키다, 불식시키다, 압축시키다, 연결시키다, 연장시키다, 유출시키다, 전파시키다, 접목시키다, 접수시키다, 제외시키다, 차단시키다, 척결시키다, 폐지시키다….

수정전 우크라이나 정부는 오데사 앞 흑해 상공에서 러시아 전투기 두 대를 격추시켰다고 밝혔다.

수정후 우크라이나 정부는 오데사 앞 흑해 상공에서 러시아 전투기 두 대를 격추했다고 밝혔다.

수정전 과잉확신편향hindsight bias이라는 개념이 있다. 행동경제학 등 다양한 학문분야에 걸쳐 있는 이 개념은 정의와 쓰임새가 다양한데 단순화시키면 사람들은 이미 일어난 사건을 그 일이 일어나기 전에 다 예측했다고 생각하는 것이다.

수정후 과잉확신편향hindsight bias이라는 개념이 있다. 행동경제학 등 다양한 학문분야에 걸쳐 있는 이 개념은 정의와 쓰임새가 다양한데 단순화하면 사람들은 이미 일어난 사건을 그 일이 일어나기 전에 다 예측했다고 생각하는 것이다.

수정전 직업훈련은 만 15살 이상 발달장애인 구직자들을 대상으로 1~6개월 동안 진행한다. 직업훈련과 함께 자기관리, 직장예절, 생활경제, 산업안전을 교육시킨다.

수정후 직업훈련은 만 15살 이상 발달장애인 구직자들을 대상으로 1~6개월 동안 진행한다. 직업훈련과 함께 자기관리, 직장예절, 생활경제, 산업안전을 교육한다.

23

어제 밥을 먹었었다고?

한국어는 시제 형식이 영어처럼 엄격하지는 않다.
그렇다고 아무렇게나 써서는 안 된다.
독자에게 혼동을 주지 않아야 한다.

과거와 과거 시제

남자와 여자가 테이블을 사이에 두고 앉았다. 침묵이 오래 흐른다. 남자가 어렵사리 입을 뗀다. "사랑했었다." 여자는 커피잔을 조용히 내려놓고 미소를 짓는다. 헤어져서 혼자 집으로 돌아오는 길, 남자는 자책한다. 왜 그렇게 모질게 말했을까? '너를 사랑했다.'고 할 걸…. 이제 와 뱉은 말을 다시 삼킬 수도 없다. '사랑했다'와 '사랑했었다'는 어떤 차이가 있을까?

영어는 시제時制에 엄격하다. 현재형, 과거형, 미래형에 완료형과 진행형까지 있어 복잡하다. 우리말의 시제는 영어에서처럼 엄격하지 않다. 시간을 나타내는 표현이나 수식어가 있어서 문장 맥락에서 그 일이 언제 일어난 일인지 의미 구별만 된다면, 시제 형식은 그다지 구애받지 않는다. 그렇다고 해서 아무렇게나 써도 된다는 뜻은 아니다. 독자에게 혼동을 일으키면 안 된다.

책이나 신문에서 '~했었다' 식의 문장을 만날 때면 오래전의 일이 생각난다. 초임 기자 시절, 과거 시제의 문장을 쓸 때마다 스트레스를 받았다. 예를 들어 '했다, 갔다'로 문장을 마치면 데스크가 어김없이 '했었다, 갔었다'로 고쳐 출고出稿했기 때문이다. 데스크는 선어말어미 '-었-'을 보탰다. 하지만 필자는 수정한 문장이 부자연스럽다고 느꼈다.

> A. 밥을 먹었다.
> B. 밥을 먹었었다.
> C. a씨는 아들의 성이 현재 남편의 성과 달라 애태웠다.
> D. a씨는 아들의 성이 현재 남편의 성과 달라 애태웠었다.

우리말에서 과거 시제를 표현할 때는 위의 일반적으로 예문 A, C처럼 어미 **-았/었-**을 사용한다. **-았었/었었-**은 과거보다 먼저 일어난 사건, 이른바 대과거를 표현할 때 사용한다. 일반적인 경우에서 B는 군더더기가 붙은 문장이다. 단순한 과거 시제로 나타내면 충분하다. 강조하고 싶으면 '아까'나 '한참 전에' 같은 부사어를 넣으면 된다. '아까 밥을 먹었다', '한참 전에 먹었다' 정도면 족하다.

우리말에도 대과거나 과거완료가 있다. 드물지만 중세 국어에도 나타난다. 다만 영문법과 달리 많이 사용되지 않을 뿐이다. 예컨대 '내가 그의 집에 도착했을 때 그는 이미 떠났었다' 대신 '그는 이미 떠나고 없었다'처럼 '없다'라는 동사를 보태 완료의 뜻을 나타내는 식이다. 아껴 써야 할 것을 마구 쓰니 우리말이 번역어투에 오염됐다는 지적이 나온다.

─았었/었었─이 반드시 들어가야 하는 경우도 있다. 예문 D처럼 앞뒤 상황이 특정한 사건을 계기로 분명하게 단절될 때다. C는 단순히 과거 행위에 초점을 맞추고, 그 이후의 상황에 관해서는 중립적이다. a씨는 예전에 애를 태웠다가 지금은 마음이 편해졌을 수도 있고, 아직 같은 문제로 고민하고 있을 수도 있다. 이에 비해 예문 D는 제도 변경이나 심경의 변화 등으로, 사건이 완결됐음을 함축한다. 결과적으로 a씨는 이제 애태우고 있지 않다. 미묘한 말맛을 살리는 과거 완료를 귀하게 대접하자.

> ① 과거의 행위에 초점을 맞출 때는 과거형이 적절하다.
>
> **수정전** 지난해 8월 병원에 두 번째 입원을 하여 젊은 의사가 문진할 때 투석은 하기 싫다고 분명히 답했었다.
>
> **수정후** 지난해 8월 병원에 두 번째 입원을 하여 젊은 의사가 문진할 때 투석은 하기 싫다고 분명히 답했다.

시제와 관련해 짚고 넘어갈 것이 하나 더 있다. 과거 시제와 관련된 것이다. 우리는 과거에 발생한 일이나 과거와 관련된 내용을 언급할 때 무의식적으로 과거 시제를 쓰는 경우가 많다. 현재 시제가 더 어울리는 사례를 보자.

② 과거의 사실이 현재까지 계속되면 현재 시제로 표현해야 적절하다.

수정전 세 달 뒤면 신문사에 입사한 후 딱 5년이 되는데, 기자가 되기 전보다 세상과 단절돼 있는 것 같다는 느낌이 들었다.

수정후 세 달 뒤면 신문사에 입사한 후 딱 5년이 되는데, 기자가 되기 전보다 세상과 단절돼 있는 것 같다는 느낌이 든다.

③ 여론조사의 시점이 과거라고 해서 과거형으로 표현하면 어색하다. 현재 상황을 설명하니까 현재 시제가 옳다.

수정전 이른바 '이대남'은 가장 보수적이라는 60대 이상보다도 더 보수적이었고, '이대녀'는 가장 진보적이라는 40대에 버금갈 정도로 진보적이었다.

수정후 이른바 '이대남'은 가장 보수적이라는 60대 이상보다도 더 보수적이고, '이대녀'는 진보적이라는 40대에 버금갈 정도로 진보적이다.

역사서, 전기문, 소설에서 과거의 일이나 역사적 사건을 생생하게 묘사하기 위해 현재형으로 서술하는 것을 '역사적 현재'라고 한다. 추상적 담화는 언제나 현재 시제다. 불변의 진리는 결코 시간에 얽매이지 않는다. 철학자, 물리학자, 신은 모두 현재 시제로 말한다.

현재진행형 남발하면 안 돼

시제와 관련된 이야기를 하나 더 하자. 글의 성격에 따라 차이가 있을 수 있지만 일반적으로 싱싱하고 박진감 넘치는 문장이 좋다. 그런데 문장에 힘을 넣자니 단순한 현재 시제로는 부족하다는 생각이 들 때가 있다. 이런 2% 부족 현상을 해소하는 간단한 방법이 현재진행형으로 만들기이다. ~(하)고 있다를 사용해 동작이 진행 중인 것으로 표현하는 방법이다. 특히 사건이 벌어지고 있는 현장에서 글을 쓸 때 이런 표현 방식은 문장에 긴장감을 불어넣으면서 싱싱하게 보이도록 한다. 힘이 있는 문장을 만들기 위해 현재진행형을 많이 사용한다.

그런데 강하게 쓰려고 하면 글이 딱딱해지고 어색해진다. 수영을 배울 때 많이 듣는 말이 '힘을 빼라'는 조언이다. 몸에 힘을 빼고 가만히 있으면 저절로 물에 뜬다. 힘을 주면 가라앉는다. 초보자는 힘을 빼라는 말이 무슨 뜻인지 잘 모른다. 글쓰기도 비슷하다. 힘 있는 글이 되려면 내용이 튼실해야 한다. 기교로써 글을 강하게 하는 방법은 한계가 있다.

A. 술을 마신다.
B. 술을 마시고 있다.
C. 지금 전동차가 역에 들어옵니다.
D. 지금 전동차가 역에 들어오고 있습니다.

예문 A처럼 현재진행형은 어떤 일이 계속되고 있는 상황을 알려

준다. 생동감이 느껴진다. 예문 D처럼 정중하거나 완곡한 느낌을 줄 때도 효과적이다. 그러나 현재형으로 표현해도 충분한 것을 굳이 **〜(하)고 있다**로 나타내는 경우가 많다. 우리말이 외국어의 번역어투에 오염됐다는 지적을 받는 이유 중 하나다. 우리말의 진행상進行相은 중세 때부터 사용해 온 것인데도 과용해서 그렇다. 이렇게 되면 읽는 사람이 부담스럽다. 다음 예문을 보자.

> ■ 마들여성학교는 이처럼 배움의 기회를 놓친 여성들에게 교육의 기회를 <u>제공하고 있다.</u> … (중략) … 교무실마저 교실로 만들고 좁은 복도 공간을 활용해 교무실로 <u>사용하고 있다.</u> 현재 18명의 교사와 130여 명의 학생이 <u>공부하고 있다.</u>

보다시피 모든 문장이 **〜하고 있다**로 끝난다. 첫째 문장을 그대로 두더라도 나머지는 '…좁은 복도 공간을 교무실로 바꾸었다', '…학생이 재학 중이다'로 바꾸면 어떨까? 특히 셋째 문장에서 '공부하고 있다'는 표현은 실제 공부하는 동작의 진행 상황이라기보다 재학 중이라는 의미에 가깝다.

〜하고 있다로도 부족해 현재 진행의 의미를 강조하기 위해 '진행하다'를 직접적으로 사용하는 경우가 있다. 그냥 '하다'면 충분하다.

> **수정전** 2017년 해외에서 제품을 출시한 뒤 작년부터 국내에서도 <u>판매를 진행하고 있다.</u>

수정후 2017년 해외에서 제품을 출시한 뒤 작년부터 국내에서도 <u>판매하고 있다</u>.

수정전 넥슨재단은 국내 최초 어린이 독립형 돌봄 의료시설인 '서울대병원 넥슨어린이통합케어센터'의 건립 기공식을 <u>진행했다고</u> 13일 밝혔다.

수정후 넥슨재단은 국내 최초 어린이 독립형 돌봄 의료시설인 '서울대병원 넥슨어린이통합케어센터'의 건립 기공식을 <u>했다고</u> 13일 밝혔다.

동사를 다양하게 구사해 글을 다채롭게 하는 것도 미덕이다. 현재 진행형이 박진감 있게 보여도 지나치면 지루해질 수 있다는 걸 기억하자.

24

'다르다'와 '틀리다'는
다르다

'다르다'는 '같지 않다'는 뜻이고, '틀리다'는 '맞지 않다'는 뜻이다.
'다르다'를 쓸 자리에 '틀리다'를 쓰는 경우가 많다.

당신과 조금 다르다고 하여

틀렸다고 잘못됐다고 단정 짓지 마세요.

이근대 시인이 쓴 《이 낯선 마음이 사랑일까》(마음서재, 2017)의 일
부분이다. '다름'과 '틀림'의 차이를 인정해야 한다는 내용이다. 두 개
를 구분하는 것이 그만큼 어렵다.

언어 습관을, 입에 익은 잘못된 표현을 하루아침에 고치기란 쉽지
않다. 몇 번 제대로 하다가도 다음에 또 틀린다. 대표적인 것이 **틀리
다**이다. **다르다**와 **틀리다**를 자주 혼동한다. **다르다**와 **틀리다**를 같다
고 생각한다면 틀렸다.

형용사 **다르다**와 맞서는 말이 뭔가? '같다'다. 동사 **틀리다**의 반대 말은? 그야 '맞다' 아닌가? 간단히 말해 **다르다**는 '같지 않다'는 뜻이고, **틀리다**는 '맞지 않다'는 뜻이다. 아래 문장은 옳게 쓴 예시들이다.

■ 어릴 때는 내가 틀리지 않았음을 증명하고자 이 일을 했다. 지금은 조금 다르다. 스승들께서 가르쳐주신 게 맞았음을 증명하고 싶다.
■ 날씨예보가 자꾸 틀리다 보니까 예보가 나와도 믿어야 할지, 말아야 할지 고민된다.
■ 지금은 맞고, 그때는 틀리다.

이처럼 쉬운데 막상 글을 쓰다 보면 헷갈린다. 잠깐만 생각하면, 반대말을 떠올리면 쉽게 구별할 수 있는데도 우리는 무심코 틀리게 쓴다. '작다'(크지 않다)와 '적다'(많지 않다), '낮다'(높지 않다)와 '얕다'(깊지 않다)를 혼동하듯이 **다르다**를 쓸 자리에 **틀리다**를 쓰는 경우가 대부분이다. 그 반대의 경우는 별로 없다. 옳고 그름正誤을 가릴 수 있을 때 **틀리다**를 쓰고, 그럴 수 없으면 **다르다**를 써야 한다.

다음 용례들의 **틀리다**는 모두 **다르다**의 활용형으로 바꿔야 한다.

■ 대학가 상권, 주택가 상권, 도심권 상권, 서울의 상권, 지방의 상권 등 상권에 따라 점포의 임대료도 다르고, 고객의 성향도 <u>틀리다</u>.
■ 1997년의 위기는 과잉 투자된 상황으로 인해 지불 능력에 문제가 생겨 일어난 것이었지만 현재의 물가 상승은 외부 충격으로 인한 것이

다. 과거와 현재의 상황이 <u>틀리다</u>.

■ 한국과 싱가포르는 통화 정책 수단이 <u>틀리다</u>.

■ 철마다 잡히는 고기가 다르다 보니 어죽에 쓰이는 재료 또한 계절별로 조금씩 <u>틀리다</u>.

그러나 언어란 아메바 같아서, 외연과 내포가 끊임없이 꿈틀거린다. **틀리다**를 언제나 '맞지 않다', '맞히지 못하다'로 새길 수는 없다는 얘기다. '그가 오늘 안으로 돌아오기는 틀렸어'라는 문장에서는 '가망이 없다'는 뜻이고, '그 사람 성격이 틀렸단 말이야'에서는 '어떤 기준에 비추어 바르지 못함'을, '네가 악기를 들면 소리부터 틀려'에선 '달라지다'를 의미한다.

'이르다'와 '빠르다'는 다르다

'이르다'는 '대중이나 기준을 잡은 때보다 앞서거나 빠르다'이다.
이에 반해 '빠르다'는 '움직이는 속도가 보통보다 큰 것을 나타냄'이다.

정지선에 멈춰 선 승용차가 신호가 바뀌지도 않았는데 슬금슬금 앞으로 나간다. 엘리베이터를 타자마자 '닫힘' 버튼을 몇 번이나 누른다. 우리 생활에서 '빨리'는 기본이다. 외국인이 한국에 와서 가장 먼저 배우는 단어가 '빨리빨리'라고 한다. 글에서도 '빠르다, 빨리'가 많이 등장한다. 이와 혼동하기 쉬운 '이르다, 이른'은 제대로 대접받지 못한다. '빠르다, 빨리'에 자리를 빼앗기고 뒤로 물러나 있다.

    A. 사드(고고도미사일 방어 체계) 기지 정상화는 당연히 했어야 하는 것이
       니 빠른 시일 내에 처리하겠다.
    B. 사드(고고도미사일 방어 체계) 기지 정상화는 당연히 했어야 하는 것이

니 이른 시일 내에 처리하겠다.

경북 성주 사드 기지와 관련해 국방부 장관이 언급한 말을 많은 매체가 보도했다. 장관이 말한 대로 받아 쓴 언론은 '빠른 시일'이라고 표현했다. B처럼 용법에 맞게 고쳐 쓴 기사 수는 상대적으로 적다.

사전을 펼치면 **이르다**는 '대중이나 기준을 잡은 때보다 앞서거나 빠르다'이다. 이에 반해 **빠르다**는 '움직이는 속도가 보통보다 큰 것을 나타냄'이다. 쉽게 설명하면 이르다(早, early)는 시기와 관련된 것이고, 반의어는 '늦다'다. 빠르다(速, fast)는 속도와 관련이 있고, 반의어는 '느리다'다.

C. (빠른/이른) 속도로 달리는 자동차

D. 시계가 10분 (빠르다/이르다).

E. 나는 (빠른/이른) 아침에 산책을 즐긴다.

F. 섣부른 낙관론은 아직 (빠르다/이르다).

위의 예문 C, D에서는 '빠른', '빠르다'가 옳다. E, F에서는 '이른', '이르다'가 옳다. 이처럼 양자택일 해야 하는 것이 대부분이지만 그렇지 않은 경우도 있다.

다음 예문을 보자.

G. 그는 여느 때보다 빨리 학교에 도착했다.

H. 그는 여느 때보다 이르게 학교에 도착했다.

위 문장 G, H에서는 '이르다'와 '빠르다' 모두 쓸 수 있다. 의미는 다르다. 평소 30분 걸리는 거리를 20분 만에 도착했을 때는 G가 맞다. 평소 8시 30분에 도착하는데, 오늘 8시에 등교했다면 H가 옳다.

현실에서는 '빠르다'를 '이르다'로 잘못 쓰는 경우는 별로 없다. 대부분 '이르다'로 써야 할 때 '빠르다'로 잘못 쓴다. 아래 예문은 '이르다'를 용법에 맞게 제대로 쓴 것이다.

- 서울 한복판에 있지만 110년간 들여다볼 수도 없었던 '금단의 터'가 이르면 7월 공원으로 바뀌어 시민들 품으로 돌아온다.
- 늦은 밤이나 이른 아침에는 세탁기를 사용하지 않아야 합니다.
- 복숭아·배 등 과수는 이른 개화로 냉해 가능성이 커졌고, 특히 각종 농작물의 수분에 필수적인 꿀벌의 집단 폐사는 더 큰 재앙의 예고편이나 다름없다.
- 부산·울산·경남을 하나의 생활·경제권으로 묶는 '부울경 메가시티'를 추진할 행정조직 설치가 이르면 다음 달 확정된다.

다음은 '이르다'로 써야 할 곳에 '빠르다'를 쓴 경우다. 각각 '이른, 이르면, 일러야'로 고쳐야 한다.

수정전 식사하기에 빠른 시간이라 그런지 식당에 빈자리가 많았다.

수정후 식사하기에 <u>이른 시간</u>이라 그런지 식당에 빈자리가 많았다.

수정전 성실하고 절제하고 끊임없이 노력하면 <u>빠르면</u> 40대, 늦어도 50대엔 백만장자로 살 수 있다.

수정후 성실하고 절제하고 끊임없이 노력하면 <u>이르면</u> 40대, 늦어도 50대엔 백만장자로 살 수 있다.

수정전 서울대가 영화학 연계 전공을 만드는 것을 검토하고 있다. 그러나 주관 학과 선정, 커리큘럼 설계 등 절차가 많이 남아 <u>빨라야</u> <u>내년 봄</u>에 가능할 것으로 보인다.

수정후 서울대가 영화학 연계 전공을 만드는 것을 검토하고 있다. 그러나 주관 학과 선정, 커리큘럼 설계 등 절차가 많이 남아 <u>일러야</u> <u>내년 봄</u>에 가능할 것으로 보인다.

수정전 대선이 끝난 지 일주일 정도밖에 안 지났고 인수위는 <u>빨라야</u> 이번 주말쯤 현판식을 열 예정이다.

수정후 대선이 끝난 지 일주일 정도밖에 안 지났고 인수위는 <u>일러야</u> 이번 주말쯤 현판식을 열 예정이다.

수정전 무더위가 계속되며 전력수요가 사상 최대치를 기록했다. 예년보다 <u>한 달 빠른</u> 것이다.

수정후 무더위가 계속되며 전력수요가 사상 최대치를 기록했다. 예년보다 한 달 이른 것이다.

여기서 퀴즈. 출생한 연도를 말할 때 젊은이들은 흔히 '빠른 83'이
라고 한다. 1983년 초에 태어났다는 뜻이다. 여기서 '빠른'이 맞을까,
'이른'이 맞을까?

26

많이 '가지면'
탈이 난다

영어 have 동사의 영향 때문인지 '가지다'를 남용한다.
'가지다'를 다른 동사로 바꾸면 글이 풍요로워진다.

버릴 줄도 알아야 한다. 동사 **가지다**도 꼭 있어야 할 자리가 아니면 버리는 편이 좋다. **가지다**를 대신할 동사는 많다.

철학자 에리히 프롬은 저서 《소유냐 존재냐》에서 인간의 존재 양식을 두 가지로 구별했다. 하나는 재산, 지식, 사회적 지위, 권력을 소유하는 것에 전념하는 실존 양식이고 다른 하나는 자기 능력을 능동적으로 발휘하며 삶의 희열을 확신하는 실존 양식이다.

안타깝게도 대부분의 사람은 소유에 집착한다. 존재보다 소유를 중시하는 까닭일까. 글쓰기에서도 이 같은 심중이 은연중에 드러난다. 어지간한 동사를 **가지다(갖다)**로 대신하려는 습관 말이다.

수정 전 캠프 데이비드에서 1박2일을 함께하며 <u>회담을 갖는 것</u>은 미국 대통령이 특별한 친밀감을 표시하고 싶을 때 택하는 회담 방식이다.

수정 후 캠프 데이비드에서 1박2일을 함께하며 <u>회담을 하는 것</u>은 미국 대통령이 특별한 친밀감을 표시하고 싶을 때 택하는 회담 방식이다.

수정 전 인자한 눈빛을 지닌 한 원로 승려가 강연을 마치고 뉴욕 출신의 신문기자와 <u>인터뷰를 가졌다.</u>

수정 후 인자한 눈빛을 지닌 한 원로 승려가 강연을 마치고 뉴욕 출신의 신문기자와 <u>인터뷰를 했다.</u>

수정 전 익산시 함열읍 이장협의회는 북부청사에서 인구 28만 명 사수를 위한 <u>결의대회를 가졌다.</u>

수정 후 익산시 함열읍 이장협의회는 북부청사에서 인구 28만 명 사수를 위한 <u>결의대회를 했다.</u>

수정 전 이○○ 후보가 선거사무소 <u>개소식을 갖고</u> 본격 선거운동에 나섰다.

수정 후 이○○ 후보가 선거사무소 <u>개소식을 열고</u> 본격 선거운동에 나섰다.

수정전 긍정적 마음은 항암효과를 <u>갖는다.</u>

수정후 긍정적 마음은 항암효과가 <u>있다.</u>

예문에서처럼 **가지다(갖다)**가 난무한다. 취임식·회의·회담·회동은 물론 수여식·개소식에도 **갖다**를 사용한다. 영어 have 동사의 활용에서 영향을 받은 것으로 풀이된다. have는 '(안경을) 끼다, (애완동물을) 기르다, 식사하다, 마시다, 시간을 보내다, 개최하다, 경험하다' 등 다양한 뜻으로 사용된다. 이에 반해 우리말의 타동사 **가지다**는 원래 '손에 쥐거나 잡다, 몸이나 마음에 지니다, 소유하다, 유지하다, 아이를 배다'는 뜻으로 활용된다. **~을(를) 가지고** 꼴로 쓸 때는 수단·기구를 의미한다. '행하다, 치르다'는 뜻도 있긴 하지만 자연스럽지 않다.

최근 국립국어원은 '모임을 치르다'라는 의미를 **가지다**의 넷째 뜻으로 규정했다. 그렇더라도 되도록 '하다', '열다', '있다'를 활용하자. '한계·의미·경험·기능·권한·의무' 따위도 대부분 **가지다** 대신에 '있다'로 바꾸는 것이 좋다. 다양한 동사에 기회를 줄수록 글이 풍요로워진다.

27

받을 때도
조심해서 받자

'발급받다', '수여받다' 등의 동사에는 '받다'의 의미가 이미 들어 있다.
그냥 '받다'면 충분하다.

받으면 기분이 좋다. 칭찬을 받고, 상을 받고, 선물을 받을 때 그렇다. 받는 것이 부담스럽거나 힘들 때도 있다. 부탁을 받거나, 지적을 받을 때, 스트레스를 받을 때…. 받을 때는 가려 받아야 한다. 동사 **받다**도 마찬가지다.

사람들이 존재보다 소유를 중시하는 것 같다고 앞에서 얘기했다. 실제로 사람들은 받는 것을 좋아한다. 나중에 어떻게 되더라도 일단 받고 보자는 사람이 많다. 그러나 많이, 오랫동안 받으면 언젠가는 탈이 나게 마련이다. 선거판에서 밥 한 그릇 얻어먹고 50배의 과태료를 무는 일도 있다. 문장에서도 **받다**를 애용한다. 단독으로 쓰이는 동사 **-(을/를) 받다**의 쓰임새는 그다지 어렵지 않다.

■ 대통령이 새 정부 첫 육·해·공군 참모총장의 보직 신고를 받고 악수하고 있다.

■ 대통령과 북한 국무위원장이 역사적인 첫 만남 후 판문점 광장에서 나란히 국군 의장대를 사열하고 있다.

위의 예문에서 보듯이 **신고를 받고**가 옳은 표현이다. 그러나 **사열을 받다**라고 할 때는 조심해야 한다. **사열**查閱이란 '조사하거나 검열하기 위해 하나씩 쭉 살펴봄' 또는 '지휘관 등이 장병을 정렬시켜 놓고 군사교육의 성과 및 장비 유지 상태 등을 살펴봄'을 뜻한다. 사열을 받는 쪽은 부대나 의장대. 지휘관이 주어가 될 때는 **사열을 하다**가 맞다. 자칫 잘못하면 사열을 받아야 할 대상이 사열을 하는, 주객이 전도되는 일이 생긴다.

이보다 더 조심해야 할 대상이 있다. 명사 뒤에 붙어 피동의 뜻을 더하면서 동사를 만드는 접미사 **-받다**이다. '-하다'를 써야 할 자리에 **-받다**를 잘못 사용하는 예를 보자.

수정전 기초노령연금을 받게 되는 65세 이상 노인들에 대해서는 읍·면·동사무소 및 전국 국민연금 지사를 통해 신청을 접수받을 계획이다.

수정후 기초노령연금을 받게 되는 65세 이상 노인들에 대해서는 읍·면·동사무소 및 전국 국민연금 지사를 통해 신청을 접수할(또는 받을) 계획이다.

수정전 경찰은 고발장을 접수받고 제3자 뇌물제공 혐의로 이씨를 수사했으나, 3년 3개월이 지난 작년 9월 무혐의 처분했다.

수정후 경찰은 고발장을 접수하고 제3자 뇌물제공 혐의로 이씨를 수사했으나, 3년 3개월이 지난 작년 9월 무혐의 처분했다.

수정전 ○○대학교는 대학입학원서 접수 마감 이틀 전인 강 모군의 경영학과 지원 원서를 접수받았다.

수정후 ○○대학교는 대학입학원서 접수 마감 이틀 전인 강 모군의 경영학과 지원 원서를 접수했다.

'접수받을', '접수받고', '접수받았다'는 모두 잘못 쓴 것이다. 접수는 '받아들임'의 뜻이다. 따라서 '접수받을', '접수받고', '접수받았다'는 의미의 중복이다. '접수할', '접수하고', '접수했다'면 족하다.

사사받다도 잘못 사용하기 쉬운 단어다. 사사師事는 '스승으로 삼고 가르침을 받음'이다. 따라서 다음 예문처럼 **~를 사사해** 또는 **~에게 배워** 형태의 구문이 옳다.

■ ○○○ 교장은 16세에 소리에 입문해 향사 △△△ 명창을 사사하고 전주대사습놀이, KBS국악대상, 동아국악콩쿠르를 휩쓴 당대의 명창이다.

■ 원불교 좌산 이광정 상사에게 사상의학을 사사했다.

다음의 예문처럼 '주다' '내주다'의 뜻이 있는 명사에 '-받다'가 붙는 경우에는 단순히 '받았다'고 하면 충분하다. '발급받다, 제출받다, 교부받다, 지급받다, 부여받다' 등도 마찬가지다.

수정전 공공기관의 고위 인사 A씨가 업체로부터 승용차 두 대를 무상으로 제공받았다.

수정후 공공기관의 고위 인사 A씨가 업체로부터 승용차 두 대를 무상으로 받았다.

수정전 김○○ 교수가 대한민국 공간정보 발전에 기여한 공로를 인정받아 국토교통부 장관상을 수여받았다.

수정후 김○○ 교수가 대한민국 공간정보 발전에 기여한 공로를 인정받아 국토교통부 장관상을 받았다.

수정전 신용카드 상생소비지원금을 오늘 지급받았다.

수정후 신용카드 상생소비지원금을 오늘 받았다.

수정전 검찰은 변호사 수임료 내역이 담긴 영수증 등 관련 자료를 제출받았다.

수정후 검찰은 변호사 수임료 내역이 담긴 영수증 등 관련 자료를 받았다.

헤프게 '주지' 말자

'제공, 부여, 반환'에는 '주다'의 뜻이 포함되어 있다.
'〜해 주다' 문구가 사실상 중복표현인 경우가 많다.

사람들이 너무 가지려고 애쓰고, 받는 것에 집착한다고 언급했다. 그러나 반드시 그렇지만도 않다. 주는 경우도 많다. 어떨 때는 너무 헤프게 준다. 글쓰기에서 **–해 주다** 꼴을 무의식적으로 남발한다는 이야기다. 일반적으로 동사 어미 '–어/아' 뒤에 붙는 보조동사 **주다**는 '남을 위하여 어떤 일을 함'을 뜻한다.

■ 농악 풍물단이 동네 구석구석을 돌며 가정의 건강과 행복을 빌어 주었다.

■ 각박한 서울 인심이라지만 마음 따뜻한 사람들이 많다는 것을 알게 해 준다.

■ 염소鹽素는 물에 있는 각종 세균을 없애 주는 역할을 한다.

책을 읽어 주고, 밥을 먹여 주고, 보살펴 주고, 가르쳐 주고, 숙제를 대신 해 주고, 전화를 바꿔 주고, 차를 수리해 주는 게 모두 이런 용례다.

–해 주다가 남이 아니라 말하는 자신을 위하여 어떤 일이 되는 것을 뜻하기도 한다. '네가 와 준 게 정말 고맙다', '그의 위협이 말로만 끝나 주기를 바랐다' 따위다.

이와 달리 '그의 뒤통수를 갈겨 주고 싶었다' 같은 문장에서는 누군가에게 무엇을 해 준다는 뜻보다는 동작을 강조하는 역할을 한다. '음식 맛이 죽여 준다', '정성을 생각해 깨끗이 먹어 주겠다' 등은 말하는 사람의 감정을 잘 드러낸다.

문제는 별다른 의미나 어감을 더하지 않으면서 **주다**를 덧대 사용하는 경우다.

① '제공하다'가 **준다**는 뜻이다. '제공한다' 또는 '한다'면 족하다.
수정전 부산 해운대의 한 삼결살집은 애견 돌봄 서비스도 <u>제공해 준다</u>.
수정후 부산 해운대의 한 삼결살집은 애견 돌봄 서비스도 <u>제공한다</u>.

② '환급=도로 돌려줌'이다. '환급하겠다는' 또는 '돌려주겠다는'이면 된다.
수정전 현금 입출금기 등을 이용해 세금이나 카드 대금 등을 <u>환급해 주겠다</u>는 설명에 응해서는 안 된다.

수정후 현금 입출금기 등을 이용해 세금이나 카드 대금 등을 <u>돌려주겠다</u>는 설명에 응해서는 안 된다.

③ '유지한다면'이면 충분하다.

수정전 김○○ 투수가 전반기 같은 페이스를 <u>유지해 준다면</u> 20승까지 가능하다.

수정후 김○○ 투수가 전반기 같은 페이스를 <u>유지한다면</u> 20승까지 가능하다.

④ '부여할 만한'이 적절하다.

수정전 미국의 잭 웰먼 목사가 고난을 당하고 있거나 신앙이 침체된 크리스천의 믿음생활에 <u>동기를 부여해줄 만한</u> 성경구절 5가지를 소개했다.

수정후 미국의 잭 웰먼 목사가 고난을 당하고 있거나 신앙이 침체된 크리스천의 믿음생활에 <u>동기를 부여할 만한</u> 성경구절 5가지를 소개했다.

⑤ '반환해야' 또는 '돌려주어야'

수정전 합격자 발표 뒤 탈락한 지원자가 본인이 제출한 서류의 반환을 요구할 경우 회사는 14일 이내에 <u>반환해 주어야</u> 한다.

수정후 합격자 발표 뒤 탈락한 지원자가 본인이 제출한 서류의 반환을 요구할 경우 회사는 14일 이내에 <u>반환해야</u> 한다.

'제공해 주다, 부여해 주다, 반환해 주다' 등의 '제공, 부여, 반환'에는 동사 **주다**(=물건·자격·권리 따위를 남에게 건네어 가지거나 누리게 하다)의 뜻이 포함되어 있다. 사실상 중복 표현이다. 너무 많이 주면 받는 사람이 고마운 줄 모른다. 줄 때 주더라도 적절하게 주어야 한다.

29

접하다, 통하다, 펼치다

쓰임새가 다양한 단어를 지나치게 포괄적으로 사용하면
글이 단조로워지고 본래의 의미에서 벗어나기 쉽다.

'~과/와 접하다' 구문

약방의 감초격으로 자주 등장하는 단어가 있다. **接접하다**가 그중
하나다. **접하다**는 '보다, 듣다, 읽다, 받다, 말하다, 먹다, 경험하다, 만
나다' 등의 다양한 뜻으로 쓰인다. 한 단어로 여러 의미를 포괄할 수
있으니 사용하는 입장에서는 편리하다. 반면 글을 읽는 사람은 의미
를 잘 해석해서 받아들여야 한다. **접하다**를 문맥에 맞게 다른 단어로
바꾸면 이해하기 쉽다.

접하다에는 여러 가지 뜻이 있다. 먼저 '우리나라는 삼면이 바다에
접해 있다'에서처럼 '이어서 닿다'는 의미가 있다. '무녀가 신을 접하
다', '선이 원과 한 점에서 접하다'라고 할 때도 쓴다.

더 추상적인 의미로 쓰일 때도 있다. 예를 들어, '서양의 문물을 접했다'에서의 **접하다**에는 보고 듣고 읽고 느끼는 행위와 과정이 뭉뚱그려져 있다. 문물처럼 복잡하고 추상적인 대상을 언급할 때 **접하다**만큼 요긴한 단어도 없을 것이다. 귀족적인 단어라고 할까. 입말과는 잘 어울리지 않지만 신문·잡지에 지나치게 자주 등장한다. 대부분 '보다, 듣다, 읽다, 받다, 만나다, 부닥치다, 닿다' 같은 구체적인 말로 바꾸는 게 좋다.

수정전 탁구가 아주 좋은 운동이라고 강조하는 신문기사를 접했다.

수정후 탁구가 아주 좋은 운동이라고 강조하는 신문기사를 읽었다.

수정전 오픈런을 가장 흔하게 접할 수 있는 곳은 강원랜드다.

수정후 오픈런을 가장 흔하게 볼 수 있는 곳은 강원랜드다.

수정전 학생들이 세계적인 수준의 강의를 접하고, 교수 밑에서 상상력과 창조력을 키워야만 더 넓은 삶의 방식을 꾸려갈 수 있다.

수정후 학생들이 세계적인 수준의 강의를 듣고, 교수 밑에서 상상력과 창조력을 키워야만 더 넓은 삶의 방식을 꾸려갈 수 있다.

수정전 인터넷을 통해 중소벤처기업청에서 대행료 없이 서비스를 지원해 준다는 정보를 접하고 센터에 전화를 걸었다.

수정후 인터넷을 통해 중소벤처기업청에서 대행료 없이 서비스를 지원해 준다는 <u>정보를 알고</u> 센터에 전화를 걸었다.

수정전 서대, 병어, 갈치조림을 식당의 대표 음식으로 선택한 것도 그녀
가 <u>가장 많이 접하고</u> 먹었던 음식이기 때문이다.

수정후 서대, 병어, 갈치조림을 식당의 대표 음식으로 선택한 것도 그녀
가 <u>가장 많이 보고</u> 먹었던 음식이기 때문이다.

'~을 통하여' 구문

쓰임새가 다양하면 좋다. 다양한 역할을 소화하는 사람이 조직 입
장에서는 필요하다. 어느 한 곳에 공백이 생겨도 거뜬히 메워 어려움
을 넘길 수 있다. 글을 쓸 때도 여러 가지 뜻을 가진 단어를 동원하면
편리하다. 적확한 표현이 떠오르지 않을 때 무난하게 넘어갈 수 있다.
문제는 유용한 단어의 지나친 남용이다. 자주 나오면 글의 신선도를
떨어뜨리고 독자에게 단조롭다는 인상을 남긴다.

통하다도 쓸모가 많은 말이다. 길이 사방으로 통하고, 숨이 통하고,
말이나 생각이나 문맥이 통하며, 바람이나 전기 역시 통한다고 한다.
어떤 사람들은 너구리나 불여우로 통하고, 부박한 사회에선 잔재주
가 통한다. 무술에 통한 사람에게 함부로 대들면 안 된다. 여기까지는
통하다가 자동사다.

다음은 타동사. 우리는 책을 통해 역사를 배우는데, 하나를 읽으면
열을 통한다. 정情은 나눌 뿐 아니라 통하기도 하는 것이며, 전화로 친

구와 말을 통하고, 사람을 통해 교섭하고, 신문·방송을 통해 세상 형편을 안다. 이렇게 다양한 쓰임새 중에서 얘기하려는 것은 **～을(를) 통하여**라는 구문이다. 무엇을 사이에 세워서 중개하게 하거나, 어떤 것을 이용하거나, 중간에 다른 경로나 과정 따위를 거칠 때 이 말을 요긴하게 쓴다. 하지만 지나침을 경계해야 한다.

환영사·기자회견·보도자료·보고서 등을 통해 메시지를 전할 때는 '환영사에서, 기자회견에서, 보도자료에서, 보고서에서'로 표현하는 것이 자연스럽다.

수정전 심포지움은 17일까지 사전등록을 통해 참석할 수 있다.
수정후 심포지움은 17일까지 사전에 등록하면 참석할 수 있다.

수정전 인터넷 사이트를 통해 증명 발급을 신청, 우편·방문·팩스 등을 통해 자료를 받을 수 있다.
수정후 인터넷 사이트에서 증명 발급을 신청, 우편·방문·팩스 등으로 자료를 받을 수 있다.

'~을 펼치다' 구문

펼치다도 사용의 폭이 넓은 단어다. 우리는 접었던 종이를 펼치고, 책을 펼치며, 우산과 부채와 날개를 펼친다. '접히거나 구겨지거나 오므라져 있던 것을 펴서 드러낸다'는 본뜻을 그대로 따른 용법이다.

이런 물리적 의미를 한번 증류해 경기·공연·행사, 범죄수사 그리고 이야기·이론·이상·꿈(포부) 따위도 펼친다고 한다. '보고 듣거나 감상할 수 있도록 사람들 앞에 주의를 끌만한 상태로 나타낸다, 실현하다'는 뜻이다. 이처럼 **펼치다**는 쓰임새가 다양하다.

- ■ 가슴에 품은 이상세계를 캔버스에 펼치다.
- ■ 시간이 흘러 공자의 나이 쉰 살에 이르러 마침내 뜻을 펼칠 기회가 찾아왔다.

그런데 **펼치다**를 지나치게 많이, 너무 포괄적으로 쓴다. '어떤 행위를 하다'는 의미로 사용하는 경우가 많다. 편리한 말이긴 하나, 다른 동사를 보지 않고 자꾸 펼치기만 하면 글이 단조로워지고, 어울리지 않는 데서 생각 없이 펼치면 읽는 이의 언어 직관을 거스르게 된다.

수정전 후보자는 정책과 공약으로 정정당당하게 경쟁을 펼쳐 주십시오.
수정후 후보자는 정책과 공약으로 정정당당하게 경쟁해 주십시오.

수정전 '유모차 부대'는 안전한 인도로 가두행진을 펼쳤다.
수정후 '유모차 부대'는 안전한 인도로 가두행진을 했다.

30

'멋대로 동사'들을
어찌할까

명사 뒤에 '하다'를 갖다 붙이기만 하면 동사가 될까?
'하다'를 붙이면 어색한 단어가 있다.

애정愛情은 사랑하는 마음이다. '애정을 표시하다, 애정을 갖고 있
다, 애정이 넘친다' 등으로 사용한다. 요즘 **애정하다**가 여기저기 돌아
다닌다. '애정하는 브랜드가 곧 자신의 정체성이 되는 시대에 우리가
살고 있다.', '당신의 춤을 애정했다'처럼. 유행처럼 사용하지만 어색
하다. 명사 뒤에 '하다'를 갖다 붙이기만 하면 동사가 될까?

접미사 '하다'는 전성轉成기능이 있다. 낱말(주로 명사)을 동사나 형
용사로 바꾸어 준다. 그렇다고 아무렇게나 붙이는 것은 아니다. '사람
하다, 책상하다, 설날하다, 자유하다, 민주하다, 정의하다' 같은 말은
없다.

우리는 어떤 말에 '하다'가 따를 수 있는지를 대체로 알고 있다. 하

지만 '대체로' 그렇다. 언어 본능이나 경험에 바탕을 둔 판단이 빗나 가는 수가 많다.

① 아래 문장에 쓰인 뜻과 같은 **기초하다**란 동사는 없다. **기초**起草**하다**(=글 의 초안을 쓰다)'라면 몰라도.

수정전 선거는 국민의 다양한 목소리가 한자리에 모여 더 나은 길을 찾 아가는 민주주의의 과정입니다. 그 과정에서 후보자와 유권자는 치열하게 논쟁하되, <u>사실에 기초한 비판</u>과 상호 존중의 자세를 지켜나가야 합니다.

수정후 선거는 국민의 다양한 목소리가 한자리에 모여 더 나은 길을 찾 아가는 민주주의의 과정입니다. 그 과정에서 후보자와 유권자는 치열하게 논쟁하되, <u>사실에 바탕을 둔 비판</u>과 상호 존중의 자세 를 지켜나가야 합니다.

② **기반한**(기반하다)은 **기반을 둔**으로 고쳐 쓰는 게 좋다. '바탕·뿌리'에도 '하다'를 붙이는 경우가 많지만 '바탕을 둔', '뿌리를 둔'이 자연스럽다.

수정전 푸틴 러시아 대통령의 궁극적 목적은 유럽연합, 일본, 미국이 촉 진해 온 냉전 이후의 자유롭고 <u>규범에 기반한 국제질서</u>를 폐기하 고 러시아가 통제하기 쉬운 체제로 바꾸는 것이다.

수정후 푸틴 러시아 대통령의 궁극적 목적은 유럽연합, 일본, 미국이 촉 진해 온 냉전 이후의 자유롭고 <u>규범에 기반을 둔 국제질서</u>를 폐 기하고 러시아가 통제하기 쉬운 체제로 바꾸는 것이다.

③ **바탕하다**라는 동사는 없다. '~에 바탕을 둔', '~을 바탕으로 한'이다.

수정전 흥성에 바탕한 박효신의 시원한 창법과 신현권 등의 능란한 반주가 잘 어울린다.

수정후 흥성에 바탕을 둔 박효신의 시원한 창법과 신현권 등의 능란한 반주가 잘 어울린다.

위에 예로 든 단어를 살펴보자. 바탕·기초·기반·자리·근거·토대·뿌리…. 뜻이 어슷비슷함을 알 수 있다. 이 어군語群을 포함해 '움직임'을 담지 않거나 '사건·사태, 과정, 정신 작용'을 뜻하지 않는 명사는 대부분 '하다'를 붙이지 않는다. '승부하다, 기능하다, 증거하다'도 마찬가지다.

물론 논란은 있다. 국립국어원은 '기초하다, 근거하다, 토대하다'를 표준어로 인정했다. '정의에 기초한, 사실에 근거해, 시대정신에 토대해' 등의 예문을 실었다. 반면 '실력에 바탕한, 원칙에 기반한, 논란에 뿌리한' 등의 형태는 아직 인정하지 않고 있다. 언어 습관의 변화를 부분적으로 받아들인 것이다.

31

한자어를 쓰면
권위가 있어 보인다?

한자어를 쓰면 풍부하고 다양하게 표현할 수 있다.
잘못 사용하면 글이 딱딱해지거나 의미가 달라진다.

'공수'는 '배달'이 아니다

초등학교 입학식·졸업식에서 교장 선생님이 단상에 올라 외빈과 학부모님께 인사할 때 늘 사용하는 표현이 있었다. '심심한 감사의 말씀을 드린다'는 것이다. **심심**甚深**하다**는 '마음의 표현 정도가 매우 깊다'는 뜻이다. '심심한 감사, 심심한 사과, 심심한 조의弔意' 등으로 쓰인다. 지루하고 재미가 없을 때 사용하는 '심심하다'와는 거리가 멀다. 학생들은 심심하다는 말이 나오면 낄낄거리며 웃었다.

한자를 배우지 않은 한글세대는 한자어에 약하다. 한자어를 잘못 알고, 의미와 달리 쓰는 경우가 종종 있다. **공수**空輸가 대표적인 사례다. **공수**는 '항공 수송'이라는 뜻이다. **공수하다**는 항공기를 이용하여 사람이나 우편물, 짐 따위를 옮기는 것을 의미한다. 공수부대는 비행기를 타고 전투 지역에 들어가 작전을 수행하는 부대다. 다음 예문은 **공수**의 뜻을 제대로 쓴 용례이다.

■ 나흘간의 폭풍으로 섬에서 미처 나오지 못한 관광객을 위해 식량과 담요를 공수하기로 했다.
■ 이번 전시회를 위해 유명 화가의 진품 그림을 미국에서 공수해 왔다.

하지만 **공수하다**를 '운반하다, 배달하다'의 뜻으로 잘못 이해하고 사용하는 경우가 많다.

① 식재료가 비행기를 타고 왔을 가능성도 있으나 여기서 '공수'는 '구입'의 뜻이다.

수정전 역 앞에 있는 실내 포장마차는 <u>전국 각지에서 공수해온</u> 제철 식재료를 사용해 요리하기 때문에 신선하고, 맛이 좋다.

수정후 역 앞에 있는 실내 포장마차는 <u>전국 각지에서 구입한</u> 제철 식재료를 사용해 요리하기 때문에 신선하고, 맛이 좋다.

② 부대 앞 가게에서 부대까지 비행기를 운항해 컵라면을 운반하는 것은 불가능한 일이다.

수정전 컵라면을 보니 추운 겨울날 보초 서고 난 뒤 <u>부대 앞 가게에서 컵라면을 공수해서</u> 몰래 먹던 그 시절이 생각납니다.

컵라면을 보니 추운 겨울날 보초 서고 난 뒤 <u>부대 앞 가게에서 컵</u>

<u>라면을 사서</u> 몰래 먹던 그 시절이 생각납니다.

예정된 만남에 '조우'?

조우遭遇도 틀리게 쓰는 경우가 많다. 조우는 '우연히 서로 만남'을 뜻한다. 기대하지 않은, 뜻밖의 만남에 써야 한다. 예정된 만남에 이 단어를 쓰면 어색하다.

③ 정·재계의 주요 인사들은 촘촘한 일정에 따라 움직인다. 어디에서, 누구를 만날지가 일찌감치 결정된다.

수정전 이재용 삼성전자 부회장이 문재인 대통령과 <u>조우했다</u>.

수정후 이재용 삼성전자 부회장이 문재인 대통령을 <u>만났다</u>.

④ 프로야구는 1년의 경기 일정이 개막 전에 모두 결정된다. 사람이 아닌 사물이 주어일 때 '조우'를 쓰면 어색하다.

수정전 삼성 라이온즈는 KT위즈와의 KBO 리그 개막전 원정 경기에서 1-4로 패했다. <u>지난해 1위 결정전까지 가는 접전을 벌인 두 팀의 조우로</u> 관심을 모은 경기였다.

수정후 삼성 라이온즈는 KT위즈와의 KBO 리그 개막전 원정 경기에서 1-4로 패했다. <u>지난해 1위 결정전까지 가는 접전을 벌인 두 팀이 대결해</u> 관심을 모은 경기였다.

'일절'과 '일체'의 차이

같은 한자인데도 다르게 읽는 **일절**—切과 **일체**—切는 자칫하면 틀리기 쉬운 단어다. 일절은 '아주, 전혀, 절대로'의 뜻이다. 따라서 부인하거나 금지하는 말과 어울린다. 이에 반해 일체는 '모든 것, 온갖 것'이라는 뜻으로, 긍정어와 연결된다. 아래 예문처럼 써야 한다.

■ 면회를 일절 금한다.

■ 장례식에 들어가는 비용 일체를 회사가 부담했다.

한자어를 쓰면 풍부한 어휘를 활용할 수 있고, 글에 권위가 있어 보인다. 그러나 문장이 딱딱해지고 거리감을 느끼게 한다. '일괄(→ 한꺼번에)', '완료했다(→끝냈다)', '부여한다(→준다)'처럼 우리말로 바꾸면 글이 부드러워진다. 하지만 현실적으로 우리말의 70%를 차지하는 한자어를 완전히 무시할 수는 없다. 한글만으로는 의미를 분명하고 압축적으로 전달하기 어려울 수 있다. 한자를 병기併記하면 뜻을 알기 쉽고 독자의 오독을 방지할 수 있다.

(수정전) 검단신도시 1단계 택지개발사업을 완료했다.
(수정후) 검단신도시 1단계 택지개발사업을 끝냈다.

(수정전) 중국·고려인 동포 자녀에게 재외동포 체류 자격을 부여한다.
(수정후) 중국·고려인 동포 자녀에게 재외동포 체류 자격을 준다.

32

사자성어, 알고 쓰자

옥석구분, 삼수갑산, 점입가경, 타산지석….
사자성어를 잘 쓰면 구구절절 설명할 필요 없이
상황이나 뜻을 전달할 수 있다.

    사자성어를 잘 쓰면 구구절절 설명할 필요 없이 상황이나 뜻을 전달할 수 있다. 사자성어라 하면 한자어를 떠올리겠지만 한글로 된 사자성어도 있다. 일례로 **내로남불**이 있다. '내가 하면 로맨스, 남이 하면 불륜'의 줄임말로 자신에게만 너그러운 사람을 꼬집는 말이다. 국어사전에 없는 단어지만 보통명사처럼 사용된다. 영어 'naeronambul'로 표기되는, 세계적인 단어가 됐다.

    선거 때가 되면 많은 사람의 입에 오르내리는 고사성어가 있다. 쓸 만한 사람과 그렇지 않은 사람을 가린다는 의미의 **옥석구분**이다. 정치권 인사, 유권자, 언론까지 이구동성으로 "옥석을 구분해야 한다."라고 말한다. 좋은 물건을 가려야 한다고 강조할 때도 이 말을 쓴다.

■ 참신한 지역 일꾼을 찾는 것은 매우 중요하며, 옥석구분은 유권자의 몫이다.

■ 바이오 열풍으로 제약·바이오 주가가 동반 상승 랠리가 펼쳤다가 급락 후 좀처럼 약세를 회복하지 못하고 있는 상황일수록 옥석구분이 필요하다.

■ 최근 일부 지역의 아파트 청약에서 미달이 발생한 데 반해 일부에서는 수천 대 일의 경쟁률을 기록하는 등 수요자들의 옥석구분이 본격화하고 있다.

하지만 **옥석구분**玉石俱焚은 본래 다른 뜻을 지녔다. 중국 고전《서경書經》의 "곤륜산에 불이 붙으면 옥과 돌이 함께 탄다火炎崑崙 玉石俱焚."는 구절에서 나온 단어가 옥석구분이다. 옳은 사람과 그른 사람의 구별 없이 모두 재앙을 당하거나 좋은 것, 필요한 것까지 모두 잃어버리게 된다는 것을 의미한다. 옥석구분은 불행한 일이다. 그러나 어느새 옥돌을 골라낸다는 '구분區分'의 의미로 바뀌어 버렸다. 이제는 워낙 많은 사람이 쓰다 보니 잘잘못을 따지는 일이 이상할 정도다.

성어成語란 옛사람들이 만든 말이다. 어떤 사연이 얽혀 있는 게 많아 고사성어라고도 하고, 흔히 넉 자로 돼 있어 사자성어라고도 한다. 이런 말을 곁들이면 촌철살인의 맛이 있고, 표현이 풍부해진다. 잘못 사용하면 망신을 당한다.

흔히 "산수갑산에 가더라도 우선 먹기나 하자"라고 말한다. 그러나 산수갑산은 **삼수갑산**의 잘못이다. 삼수三水와 갑산甲山은 함경도의

군 이름이다. 교통이 불편하고 풍토병이 창궐해 예부터 유배지로 유명했다. '삼수갑산을 가더라도'는 '어떠한 어려움을 겪더라도'라는 뜻이다. 유배지 '삼수'를, 절경을 뜻하는 '산수山水'로 잘못 이해하는 사람이 많다. 그래서일까. 산수갑산 간판을 단 음식점이 전국 곳곳에 많다.

점입가경漸入佳境도 주의해서 사용해야 할 고사성어 중의 하나다. 이는 '경치나 문장, 어떤 일의 상황이 갈수록 재미있게 전개된다'는 뜻이다.

- ■ 글로벌 공급난과 분유 업체의 리콜 사태로 세계 초강대국 미국에서 벌어진 분유대란이 점입가경이다.
- ■ 지방선거를 앞두고 경선 과정에서 후보자 간 비방, 폭로, 고발 등이 이어지면서 당내 갈등이 점입가경이다.
- ■ 건설 원자재 수급난이 점입가경이다.
- ■ 출판사의 베스트셀러 만들기가 점입가경이다. 1만 2000원 정가의 책에 20만 원 가까운 정품 CD를 경품으로 준다.

이처럼 재미와 거리가 먼 곳에까지, '갈수록 태산'의 뜻으로 점입가경을 쓰는 경우가 허다하다. 역설법으로 사용하지 않았다면 그 용법은 틀렸다고 봐야 한다.

타산지석他山之石은 '다른 산에서 나는 보잘것없는 돌도 자신의 옥玉을 연마하는 데 도움이 된다'는 뜻이다. 실패나 좌절을 타산지석으로 삼아야 한다. 좋은 본보기를 타산지석으로 삼는 것은 논리적으로 맞지 않는다. 다음 예문들은 타산지석을 잘못 사용한 사례다.

- 경영 능력과 상관없이 장자·아들 중심 승계 및 경영체제를 고집하는 국내 재벌 풍토에서 여성 경영인 체제가 막을 연 것은 타산지석 사례가 될 수 있다.
- H씨는 부동산 분야 비전공자인 데다 책을 손에서 놓은 지 오래됐을 뿐만 아니라 피자 가게를 운영하는 등 힘든 환경에서 3개월 만에 공인중개사 시험에 합격하는 성과를 거둬 타산지석으로 삼을 만하다.

'유명세'는
타는 것이 아니다

'유명세'는 유명해져서 당하는 불편을 말한다.
부정적 의미로 사용해야 한다.

출판사에서 일하는 선배가 페이스북에 글을 올렸다. 철학 관련 서적에 실린 교수의 설명 중 한 단어가 적절하지 않다는 내용이다. '책으로 출간되어 유명세를 타게 된 것이 2000년대의 일이었다'는 문장이 문제였다. 얼핏 보면 틀린 것이 없어 보인다. 그러나 그 교수는 '유명세'의 뜻을 잘못 사용하고 있다.

사전을 찾아 한 번만 뜻을 알아 두면 정확하게 쓸 터인데 잘못 쓰는 단어들이 있다. 특히 한자어가 그렇다. 대표적인 것이 유명세有名稅다. 유명세는 '세상에 이름이 널리 알려진 탓으로 당하는 불편이나 곤욕'을 의미하는 속어다. 한마디로 나쁜 의미다. 그래서 세금에 빗댄것이고 '유명세가 따르다, 유명세를 내다(치르다, 물다)' 등으로 사용해야 마땅하다.

■ 상대 수비수들의 집중 견제와 포지션 경쟁 등으로 손흥민이 직전 시
즌 득점왕의 유명세를 톡톡히 치르고 있다.

■ 500년 된 창원 팽나무가 유명세로 몸살을 앓고 있다. 드라마에 나간
뒤 이를 보려는 관광객들의 발길이 끊이지 않고 있다.

그러나 유명세의 '세'를 세금이 아니라 형세의 '세勢'로 착각해서 잘
못 활용하는 사람이 많다. 다음 예문을 보자.

① '유명해진'이나 '이름을 얻은'으로 바꿔야 한다.
수정전 SNS에서 <u>유명세를 타고 있는</u> 인천 청라의 맛집을 소개합니다.
수정후 SNS에서 <u>유명한</u> 인천 청라의 맛집을 소개합니다.

② '유명한 정도'를 뜻하기 때문에 '지명도'로 바꾸는 것이 자연스럽다.
수정전 변호사·의사·회계사들의 <u>유명세나 영향력</u>이 내게 영향을 주지
는 않는다.
수정후 변호사·의사·회계사들의 <u>지명도나 영향력</u>이 내게 영향을 주지
는 않는다.

세금 이야기를 조금 더 해 보자. 세금과 요금을 구별해야 한다. 재
산세, 소득세, 법인세, 자동차세, 상속세, 종합부동산세 등은 모두 세

금이다. 반면 전기·수도에는 '세'가 아니라 료料 또는 요금이 붙어야 한다. 세금은 중앙 정부나 지방자치단체가 대가를 지불하지 않고 국민에게서 걷는다. 요금은 전기·수도·택시 등을 사용한 사람이 낸다. 전기세라고 하면 한국전력공사가 펄쩍 뛴다.

> **수정전** 에어컨을 24시간 틀면 <u>전기세가</u> 얼마 나올까요?
> **수정후** 에어컨을 24시간 틀면 <u>전기요금이</u> 얼마 나올까요?

> **수정전** 오늘은 <u>수도세 계산방법</u>과 납부 방법을 알아보겠습니다.
> **수정후** 오늘은 <u>수도요금 계산방법</u>과 납부 방법을 알아보겠습니다.

세금, 요금 이외에 시민들이 내는 것으로 벌금, 범칙금, 과태료가 있다. 이 셋을 한 데 묶어 흔히 '벌금'이라고 말하지만 정확한 표현이 아니다.

벌금은 죄를 지은 벌로 일정 금액을 국가에 납부하게 하는 형사처벌이다. 벌금을 내지 않으면 노역장에 유치된다. 범칙금·과태료와 달리 벌금은 전과기록에 남는다.

범칙금은 일상생활에서 실수나 부주의로 흔히 일어나는 사소한 위반, 예를 들면 쓰레기 불법 투기나 노상방뇨 등을 했을 때 부과된다. 기한 안에 내지 않으면 가산금이 붙고 계속 납부하지 않으면 즉결심판을 받게 된다.

과태료는 국가나 공공단체가 부과하는 것으로 형벌이 아니라 행정

처분이다. 출생신고 지연, 주정차 금지구역 위반 등을 했을 때 부과
된다.

■ 20대 편의점 아르바이트 직원에게 욕설을 한 혐의로 기소된 A씨
(70세)에게 법원이 벌금 50만 원을 선고했다.

■ 교차로에서 우회전 방법을 위반하면 보행자 의무 위반으로 범칙금
6만 원에 벌점 10점이 부과되고 보험료도 오른다.

■ 국립공원 안에서 불법주차, 취사, 야영, 흡연, 음주 등을 하다 적발되
면 최저 5만 원에서 최고 200만 원 이하의 과태료가 부과된다.

60대 여성이 재원?

인물을 묘사하거나 설명할 때는
나이와 성별에 적합한 단어를 써야 한다.
자칫하면 틀리기 쉽다.

오래 전, 차관급 자리에 임명된 A씨. 그가 언론사에 배포한 이력서를 받아 드니 '군수(약관 38세)'라는 부분이 눈에 띄었다. 행정고시에 합격하고 30대 젊은 나이에 중책을 맡았다는 점을 강조했다. 그러나 약관弱冠은 '남자 나이 20살'을 이르는 말이다. 무지를 드러내고 말았으니 쓰지 않는 것만 못하다.

프로필이나 인물을 소개하는 글에서 자주 등장하는 단어가 **재원**才媛이다. 재원은 '재주가 뛰어난 젊은 여자'를 뜻한다. 다음 예문을 보자.

지학志學	15세	종심從心	70세
약관弱冠	20세	망팔望八	71세
이립而立	30세	희수喜壽	77세
불혹不惑	40세	망구望九	81세
지천명知天命	50세	미수米壽	88세
이순耳順	60세	망백望百	91세
고희古稀	70세	백수白壽	99세

나이와 관련된 표현

A. 그룹 신화 앤디의 예비신부는 방송 8년 차 아나운서로 뛰어난 능력에 미모까지 갖춘 재원이다.

B. 여고생이 저 정도의 실력이라면 장래가 촉망되는 재원이라고 할 수 있다.

C. 김 씨의 차남은 미국 대학에서 경영학을 전공한 재원이다.

D. 배우자가 올해 60세로 미국 피바디음대 대학원을 졸업한 재원이다.

A, B는 용법에 맞다. 그러나 C, D는 틀린 표현이다. 남성, 그리고 60세 여성에게는 재원이라는 단어가 어울리지 않는다.

한편, **향년**享年은 '한평생 살아 누린 나이'를 뜻한다. 죽을 때의 나이를 말한다.

■ 영화팬들에게 익숙한 선율 중 하나인 '007 시리즈'의 제임스 본드 테마곡을 작곡한 작곡가 몬티 노먼이 향년 94세로 별세했다.

■ 한국을 대표하는 의학자이자 미생물학자인 이호왕 고려대 명예교수가 5일 숙환으로 별세했다. 향년 94세.

살아 있는 사람에게는 향년을 쓰면 안 된다. 자칫 패륜이라는 말을 들을 수 있다. 향년 대신 '연세, 춘추' 등을 써야 한다.

여기서 잠시, **역임**歷任**하다**의 뜻도 살펴보자. 경력이 화려한 사람을 소개할 때 사용하는 단어다. '여러 직위를 두루 거쳐 지내다'의 의미다. 아래 예문을 보자.

> E. 신문사에서 부장, 편집국장, 편집인 등을 역임했다.
>
> F. 그는 전무, 부사장, 사장을 역임한 뒤 지금은 상임고문으로 활동하고 있다.
>
> G. 김○○ 교수는 서울대 금속공학과를 졸업한 뒤 미국 MIT에서 박사를 취득하신 후, 미국 MIT 연구원을 거쳐 현재 △△ 대학교 신소재공학부 교수로 역임하고 계십니다.
>
> H. 초선으로 제8대 의회 후반기 부의장을 역임하고 있는 ○○○ 의원을 인터뷰했다.

E, F는 용법에 맞게 제대로 썼다. 그러나 G, H는 틀렸다. 역임은 현재 맡고 있는 직위를 가리킬 때 쓰는 표현이 아니다. 과거에, 그것도 한 개가 아닌 여러 직위를 거쳤을 때 사용해야 한다.

35

지원자가
서류를 '접수'한다?

접수, 임대, 자문 따위는 행위의 주체를 착각하기 쉬운 단어다.
주체와 서술어의 관계를 파악해 정확하게 사용해야 한다.

접수接受는 행위의 주체를 착각하기 쉬운 단어다. '받아들임'의 뜻이라는 사실을 누구나 알 터인데 아래 예문처럼 '제출'의 뜻으로 사용하곤 한다. 기업, 단체, 관공서 안내문에서 잘못된 사례를 찾기가 어렵지 않다.

> **수정전** 주민센터에 우편, 팩스 등으로 <u>의견을 접수</u>하면 된다.
> **수정후** 주민센터에 우편, 팩스 등으로 <u>의견을 제출</u>하면(내면) 된다.

> **수정전** 캠프에 참가를 원하는 학생은 <u>자료를 9일까지 접수</u>하면 된다.
> **수정후** 캠프에 참가를 원하는 학생은 <u>자료를 9일까지 제출</u>하면 된다.

요즘은 기업들이 주로 수시 채용을 진행한다. 모집 분야, 인원, 자격, 근무 조건, 전형 절차, 제출해야 할 서류 등을 공고문에 자세히 밝힌다. 공고문은 "서류접수는 홈페이지에서 해 주십시오"로 끝난다. 이는 잘못된 문장이다. 채용의 주체는 회사인데, 지원자가 서류를 접수하는 것은 앞뒤가 맞지 않다. 지원자는 서류를 내는 사람이다.

뜻을 반대로 이해하고 쓰는 단어로 **임대**貰貸와 **임차**貰借가 있다. **임대**는 '돈을 받고 자기의 물건을 빌려줌'이다. 반면 **임차**는 '돈을 내고 남의 물건을 빌려 씀'으로 뜻이 구분된다. 집주인은 **임대**하고, 전세를 얻은 사람은 **임차**한다.

■ 개정안에 따르면 상가 임차인이 6개월간 임차료를 내지 않아도 임대인은 임차인을 내보낼 수 없다.

■ 임차인을 편들려고 임대인을 불리하게 하면 임대인으로서는 가격을 올릴 수밖에 없다.

임대인이 되고 싶은 소망이 반영된 결과일까? 임대와 임차를 구분하지 않고 임대로 뭉뚱그려 쓰는 경우가 많다.

① 상가 주인의 입장에서는 '임대료'가, 세입자 입장에서는 '임차료'가 옳은 표현이다.

수정전 A씨는 코로나19로 <u>수입이 줄며 임대료를 못 내는 등</u> 경제적 어려움을 겪자 술에 취해 자신이 운영하는 식당에 불을 질렀다.

수정후 A씨는 코로나19로 <u>수입이 줄며 임차료를 못 내는 등</u> 경제적 어려움을 겪자 술에 취해 자신이 운영하는 식당에 불을 질렀다.

② '임대받다'는 표현은 어색하다. **임차해** 또는 **빌려**가 적당하다.

수정전 농지 1만 2000평을 <u>무상 임대받아</u>, 노숙인 자립 자활을 위하여 공동체를 만들었다.

수정후 농지 1만 2000평을 <u>무상으로 임차해</u>(빌려), 노숙인 자립 자활을 위하여 공동체를 만들었다.

자문諮問은 필자도 헷갈리는 단어다. 사전에는 '전문가에게 의견을 물음'으로 나와 있다. 그런데 이를 '어떤 사람의 질의에 답하는 것'으로 잘못 알고 있는 사람이 많다. **자문＝질문**, **자문하다＝질문하다**로 기억하고 다음 문장을 보자.

A. 회사는 유명한 경제 전문가에게 매사를 자문하고 있다.

B. 정부의 정책 자문에 응하느라 회의에 늦었다.

C. 부동산 업소를 찾아 투자 자문을 받는 게 안전하다.

D. 전문가의 자문을 들을 필요가 있다.

A, B는 의미에 맞게 제대로 사용한 사례이고 C, D는 잘못된 사례다. '자문하다' 대신 '조언을 구하다', '의견을 묻다'를 쓰면 실수를 줄일 수 있다.

공무원도 모르는
'관공서 용어'

게첨, 투기, 척사, 양정, 답압….
쉬운 단어가 있음에도 관공서에서는 종종 어렵고 딱딱한 표현을 고집한다.
읽는 사람을 배려하지 않는 것이다.

작고한 이어령 초대 문화부장관은 생전에 언론과의 인터뷰에서 "장관으로서 가장 잘한 일은 '노견路肩'이란 행정 용어를 '갓길'로 바꾼 것"이라고 말했다. 그는 1990년 장관에 취임한 뒤 국립국어원을 세워 언어 순화의 기준을 제시했다. 그의 인터뷰는 관공서에서 쓰는 용어를 일상의 언어, 쉬운 언어로 고치는 것이 얼마나 어려운지를 알려준다. 행정 용어처럼 생명력이 질긴 것도 없을 것이다. 아직도 우리 주변 곳곳에 남아 있다.

구청이나 경찰서에 가면 잘못한 것이 없는데도 왠지 주눅들 때가 많다. 많이 나아졌다고 하지만 어렵고 딱딱한 용어를 쓰는 것이 한 원인이라고 생각한다.

A. 강남구 전역에 한국인이 애송하는 시詩를 게첨한다.

B. 행정안전부에서 지역경제 활성화와 옥외광고 산업진흥을 위해 '광고 미게첨 옥외간판 활용 광고지원사업'을 시행함을 알려드립니다.

A는 서울시 강남구가 추억의 애송시 40편을 백화점과 버스 정류장 등 81개소에 전시한다는 보도자료 중 일부분이고, B는 행정안전부의 보도자료에 나오는 문장이다. 여기서 **게첨**揭添은 일반인이 좀처럼 사용하지 않는, 관공서 서류에서나 볼 수 있는 단어다. 그 뜻은 '전시' 정도로 짐작되는데, 흔히 **현수막을 게첨하다**식으로 사용한다.

한 공무원이 국립국어원 홈페이지에 글을 올렸다. 현수막을 걸어주길 부탁한다는 말을 문서로 만들 때 '현수막 게첨 의뢰'라고 표현하는데 정작 게첨의 뜻을 잘 모르겠다는 내용이다. 그런데 게첨은 국어사전에도 없는 유령 단어다. 참고로 '내붙임'의 뜻으로 사전에 올라 있는 단어는 **게첩**揭帖이다.

굳이 어려운 단어를 관공서에서 쓰는 이유를 잘 모르겠다. 글의 권위가 올라간다고 생각해서일까, 아니면 습관이 되어서일까. 이유가 무엇이든 읽는 사람이 뜻을 몰라 고개를 갸웃거린다면 문제이다.

C. 성북구는 쓰레기 무단 **투기** 신고를 접수한 뒤, 위반자에게는 과태료를 물리고 신고자에게는 포상금을 지급하기로 했다.

D. 이웃 간의 친목과 화합을 도모하기 위해 **척사**대회를 했다.

E. a 교수가 대학의 겸직금지 의무와 품위 유지 의무를 어기고 2014년

부터 주류업 등 별도의 영리 행위를 한 사실이 드러나 징계 **양정**에 반영했습니다.

F. 이용객의 **답압**이나 유수에 의한 노면 침식이 우려되는 곳에 돌계단을 설치했다.

관공서에서 배포한 보도자료에 나온 위 문장 가운데 몇 개나 뜻을 알 수 있는지 스스로 점검해 보자.

C의 **투기**投棄는 '버림, 버리기'의 뜻으로 일상생활에서 제법 많이 쓰는 단어다. '부동산 투기(投機, 기회를 틈타 큰 이익을 보려고 함)'의 투기와는 구별된다. D의 **척사**擲柶는 해마다 정월 대보름을 전후해 구청 신문에 많이 나오는 단어로 윷놀이를 뜻한다. 사악한 것을 물리치는 척사斥邪, 구한말 외세를 물리치자는 위정척사衛正斥邪와는 상관없다. E의 **양정**量定은 '형량 결정, 양을 정함'의 뜻이다. 징계와 관련이 있다. 법원 판결문을 보면 '정직 2개월의 징계처분이 양정기준에서 정한 징계양정 범위의 하한보다 오히려 가볍다'는 등의 표현이 자주 나온다. F는 등산로에 세워진 안내판의 문구다. **답압**踏壓은 '사람들에 의해 표토가 다져짐으로써 토양이 딱딱해지는 현상'을 말한다. 등산객이 많이 오가는 길은 나무가 뿌리를 드러내고, 주변 흙은 단단하게 다져진다. 토양이 다져지면 공기와 물, 유기물 등을 저장할 수 있는 공간이 없어 나무가 말라 죽게 된다.

군이 어렵고 딱딱한 표현을 고집하는 것은 글을 읽는 사람을 배려하지 않는 행위이다. 독자, 소비자의 입장을 무시하는 태도다.

37

'피고'와 '피고인'은
같은 사람?

법률용어, 의학용어는 일반인이 이해하기 어려운 것이 많다.
정확히 써야 의사소통이 된다.

A. 흐르는 물이 저지에서 폐색된 때에는 고지 소유자는 자비로 소통에
   필요한 공사를 할 수 있다.

B. 흐르는 물이 낮은 곳에서 막힌 경우에는 높은 곳에 있는 토지의 소
   유자가 자신의 비용으로 막힌 물을 통하게 하기 위한 공사를 할 수
   있다.

　A는 민법 제222조다. 무슨 뜻인지 이해하기 어렵다. B처럼 바꾸면
이해하기 훨씬 쉽다. 법률과 관련된 용어 가운데 이해가 되지 않는 용
례가 수두룩하다. 해마다 한글날이 되면 법원과 검찰이 쉬운 단어로
바꾼다고 홍보하지만 갈 길이 멀다.

초임 기자 시절, 필자는 신문사 선배에게 여러 차례 혼났다. **피고인**과 **피고**를 구분하지 못한 탓이다. **피고인**은 형사 재판에서의 '죄인'이고, **피고**는 민사·행정 소송에서 원고와 대비되는 개념이다. 요즘 기자들도 피고인과 피고 개념을 헷갈려 한다. 다음 예문을 보자.

수정전 도덕성과 준법성이 요구되는 지방의원인 <u>피고</u>에 대한 원심의 형량이 파기를 면하지 못할 정도로 무거워 보이지 않는다.

수정후 도덕성과 준법성이 요구되는 지방의원인 <u>피고인</u>에 대한 원심의 형량이 파기를 면하지 못할 정도로 무거워 보이지 않는다.

수정전 군 검찰은 김씨를 형사입건했으며, 재판부는 첫 공판에서 <u>피고</u>에게 바로 선고했다.

수정후 군 검찰은 김씨를 형사입건했으며, 재판부는 첫 공판에서 <u>피고인</u>에게 바로 선고했다.

법학을 전공하지 않은 사람이 법률용어에 익숙해지기 위해서는 상당한 시간과 노력을 들여 공부해야 한다. 법률용어를 모두 한글로 또는 쉬운 말로 바꾸는 데는 한계가 있다. 다음 기사를 보자.

C. 무고죄 등으로 징역 1년을 선고받은 피의자가 법정에서 난동을 부리자 재판장이 그 자리에서 징역 3년으로 판결을 번복한 것은 위법이라는 대법원 판단이 나왔다.

D. 법정에서 징역 1년을 선고받자 "재판이 개판"이란 욕설을 한 피고인에게 판사가 즉석에서 징역 2년을 추가했던 판결에 대해 대법원은 13일 위법이라고 판단했다.

대법원 판결을 보도한 인터넷 기사의 첫 문장이다. 해당 언론사는 처음에 C 기사를 올렸다가 잠시 후 D로 고쳤다. 재판 결과에 불만을 표시한 사람을 '피의자'에서 '피고인'으로 바꾸었다. **피의자**는 범죄 혐의가 있어 수사기관이 입건한 사람을 말한다. 수사가 끝나고 검사가 공소를 제기해(기소) 재판에 넘기면 **피의자**는 **피고인**으로 신분이 바뀐다. 따라서 C의 **피의자**는 잘못된 표현이다.

변호사와 **변호인**은 어떻게 다를까? 변호사는 민사소송 등에서 당사자를 대신해 소송을 수행하거나, 형사사건에서 피의자·피고인 등을 변호하는 직업을 말한다. 변호인은 형사소송법상 피의자나 피고인을 변호하는 사람이다. 형사소송법 제31조는 변호인은 변호사 중에서 선임해야 한다고 규정하고 있다. 요약하면 **변호사는 민사소송법에서는 소송대리인이 되고, 형사소송에서는 변호인이 된다.**

배상賠償과 **보상**補償은 일상 생활에서 흔히 사용하는 단어다. 배상은 위법한 행위로 다른 이의 권리를 침해한 사람이 (피해를 겪은 사람에게) 손해를 갚는 것을 말한다. 보상은 국가 또는 단체가 적법한 행위를 했지만 국민이나 주민에게 재산상의 손실이 발생한 경우 이를 갚아 주는 것을 말한다.

■ 대우조선해양 하청 노사협상의 막판 쟁점으로 손해배상 소송 문제가 떠올랐다. 파업으로 회사가 본 손해를 노조에게 물어야 하느냐, 마느냐를 놓고 양쪽이 맞서고 있다.

■ 대구공항 항공기 소음 피해 주민들이 총궐기대회를 개최하고 "군소음보상법에 의한 보상금 수령을 거부하며 소음보상기준금액을 현실화하라"고 촉구했다.

법률용어 못지않게 생활 속에서 자주 마주치는 의료 용어도 이해하기 어렵기는 마찬가지다. 그런 예로 **도포**塗布**하다**가 있다. 도포는 '약 따위를 겉에 바르다'는 뜻이다. '바르다' '칠하다'로 바꾸면 쉽다. 아래 예문을 보자.

■ 말라리아를 예방하려면 노출된 피부에 곤충기피제를 도포해야 한다.
■ 약사는 상처 부위에 연고를 자주 도포하라고 설명했다.

아래 문장은 아파트 승강기 안에 붙어 있는 구청의 안내문이다. 얼추 이해가 가는데 **교상**에서 막힌다. **교상**咬傷의 사전적 의미는 '짐승이나 벌레 따위에 물려서 상함 또는 그런 상처'다.

> **수정전** 광견병은 <u>사람과 동물 간에 교상으로 전파되는</u> 인수人獸 공통 감염병입니다. 개와 고양이를 기르는 가정에서는 가까운 동물병원에 가셔서 예방접종을 하시기 바랍니다.

수정후 광견병은 <u>사람이 동물에 물려 전파되는</u> 인수_{人獸} 공통 감염병입니다. 개와 고양이를 기르는 가정에서는 가까운 동물병원에 가셔서 예방접종을 하시기 바랍니다.

법률, 의료 용어도 쉬운 용어로 바꿔 쓸 수 있다. 다음은 신문기사의 일부분이다. 어려운 용어를 괄호 안에 풀어 쓰는 친절이 돋보인다.

■ 국소마취를 한 뒤 풍선확장술(혈관에 풍선을 넣고 풍선을 부풀려 혈관을 넓혀주는 시술)이나 스텐트삽입술(혈관에 그물망 스텐트를 삽입해 좁아지는 것을 막는 시술)을 시행한다. 최근에는 죽종절제술(혈관 내벽을 깎아 넓히는 시술)을 많이 시행하고 있다.

38

'화化'를
조화롭게 쓰려면

'–화하다'를 붙일 수 없는 명사가 있다.
'–하다'를 붙여 형용사가 되는 말이 그렇다.

이번에 얘기하려는 건 **화**다. 명사 다음에 붙는 접미사 **–화化하다**는 한자를 보면 알 수 있듯 '~해지다, ~로 되다, ~가 되다, ~가 되게 하다'라는 뜻이다. 그래서 **–화하다**는 글의 맥락에 따라 '무엇이 어떻게 되다(되어 가다)'라는 자동사 구실도 하고, '무엇을 어떻게 되게 하다'라는 타동사 노릇도 한다.

그렇다면 어떤 명사에 **–화하다**를 다는 걸까. '하다'를 붙인 용언(동사나 형용사)을 만들 수 없는 말, 예를 들어 '산업·공업·민주·도시·기계·구체·보편·일반·인격·사회·국가·세계·국제·문제·단체·법인·영화·소설·폐허·체질·본격' 같은 말이다.

■ 고성장에 자원을 독점한 수도 서울만 해도 예전과 달리 인구 감소가 본격화한다.

■ 사이코패스 3세는 재벌 내 예외적 인물이 아니라 재벌의 속성을 인격화한 악역이었다.

이와 달리 '가속'은 '가속하다'라는 동사가 엄연히 있으므로 '화'를 붙일 수 없다. 예외는 있다. 쉽게 생각나는 것으로, '조직화'는 '조직하다'라는 동사가 있는데도 그 쓰임을 인정한다.

그러나 '하다'를 붙여 형용사가 되는 말엔 '-화하다'를 쓰면 안 된다. 오용례는 숱하다. 불량화하다, 강대화하다, 비대화하다, 노후화하다…. 이런 경우는 대부분 '화하다'를 '해지다'나 '하게 하다'로 바꿔 써야 한다.

잘못 쓴 '-화하다'보다 더 우스꽝스러운 비문은 **화되다/화시키기**를 활용한 문장이다. **-화하다** 자체가 이미 '~(하게)된다'는 뜻이 아닌가? **-화하다**는 딱딱한 표현이다. 꼭 필요한 경우 말고는 다른 자연스러운 말로 대체하는 것이 좋다.

수정전 해병대는 사고 원인 조사 결과를 토대로 우선적으로 <u>노후화된 13개 초소</u>를 신축할 계획이다.

수정후 해병대는 사고 원인 조사 결과를 토대로 우선적으로 <u>노후한 13개 초소</u>를 신축할 계획이다.

수정전 노후화된 전선은 전기 사고를 유발할 수 있다.

수정후 노후한(오래된, 낡은) 전선은 전기 사고를 유발할 수 있다.

수정전 경찰이 비대화되면 견제장치가 없다.

수정후 경찰이 비대해지면 견제장치가 없다.

수정전 리첸과 차우의 연기는 숨겨져 있는, 잠재적으로만 존재하던 두 배우자의 만남과 사랑을 현실화시킨다.

수정후 리첸과 차우의 연기는 숨겨져 있는, 잠재적으로만 존재하던 두 배우자의 만남과 사랑을 현실화한다.

수정전 프레임은 질주하는 우리의 시선을 구속하고 우리의 사유를 추상화시킨다.

수정후 프레임은 질주하는 우리의 시선을 구속하고 우리의 사유를 추상화한다.

39

'여부與否'는
'여분餘分'이다

여부는 '그러함과 그렇지 않음'이다.
'-ㄴ지, -ㄹ지' 뒤에 오는 '여부'의 상당수는 군더더기이다.

곳곳에서 시비가 일어난다. 쟁점이 많고 이해관계가 상충하기 때문이다. 그래선가. 사람들은 **여부**라는 말을 즐겨 쓴다.

문제는 **여부**의 상당수가 여분, 군더더기라는 점이다. 가령, 재판은 원고와 피고가 주장하는 내용의 진실을 법정에서 판사가 확인하는 과정이다. 이때 흔히 '진위 여부를 가린다'는 표현을 쓴다. 이는 잘못된 표현이다. 진위에는 여부의 의미가 포함되어 있기 때문이다. '진위를 가린다'로 충분하다. 여부는 여분이다.

■ 스마트폰에 표출된 주민등록증 정보는 정부24 앱의 '사실/진위확인' 메뉴에서 주민등록증 모바일 확인서비스의 정보무늬QR를 촬영하거

나 검증 에이피아이API를 이용하여 각 사업장 운영시스템을 통해 진위 여부를 확인할 수 있다.

■ 청와대 초청 행사에 이○○ 선수가 참석할지 여부도 확정되지 않았다.

■ 연맹은 심판 판정에 대한 선수의 주장이 타당한지 여부를 충분히 살펴야 할 의무가 있다.

위의 예문에서 여부가 필요한가? **여부**란 '그러함과 그렇지 않음'이다. 맥락에 따라선 '하느냐 마느냐, 좋으냐 안 좋으냐'를 뜻하기도 한다. 문제는, 그 앞에 흔히 붙는 '-인지, -는지, -ㄴ지, -ㄹ지' 따위의 연결어미도 '둘(또는 여럿) 중에서 어느 것인지 의문을 가지거나 추측함'을 나타낸다는 점이다. 그러니 이러한 연결어미 다음에 **여부**가 나오면 어색해지거나 논리를 해칠 수밖에 없다. 이럴 땐 이 낱말을 일단 빼자. 나머지 표현을 적절히 조절해야 할 때도 있다.

---

① '비만인지 아닌지'와 '여부'는 완벽한 중복이다. '비만 여부를' 또는 '비만인지(를)'로 바꾸는 것이 좋다.

수정전 일부 마사지 숍 등에서 체지방 등을 활용해 <u>비만인지 아닌지 여부</u>를 판단해 '진단'한다.

수정후 일부 마사지 숍 등에서 체지방 등을 활용해 <u>비만인지</u>를 판단해 '진단'한다.

---

② 당락 속에 이미 여부라는 뜻이 들어 있다.

수정전 선거의 후보 선정과 당락 여부는 유권자가 판단할 문제이므로 특정 시민단체가 후보의 자격 여부를 거론하는 것은 적절하지 않다.

수정후 선거의 후보 선정과 당락은 유권자가 판단할 문제이므로 특정 시민단체가 후보의 자격을 의논하는 것은 적절하지 않다.

주인공과 장본인

주인공은 좋은 일의 중심인물을 가리킨다.
이에 반해 장본인은 부정적인 의미로 사용된다.

주인공主人公은 '소설·희곡·영화 등의 중심인물', '어떤 일에서 중심이 되거나 주도적인 역할을 하는 사람'을 이른다. 다음 예문을 보자.

■ 그래미 시상식에서 '올해의 노래'와 '올해의 레코드' 등을 차지하며 4관왕의 주인공인 된 앤더슨 팩은 밀양 박씨의 혈통을 이어 받은 한국계 미국인 래퍼이다.

■ 베이징 겨울올림픽에서 성화봉송, 방역, 신분확인, 길안내 등을 로봇 자원봉사자가 맡는다. 프레스센터 식당에서 음식 조리부터 서빙까지 모두 AI를 활용한 로봇이 활용되고 있다. 올림픽의 주인공이 사람 아닌 '로봇'이라는 말이 나올 정도다.

때로는 '그 고운 목소리의 주인공은 누구인가?'와 같은 문장에서 드러나지 아니한 관심의 대상을 가리키기도 한다. 이렇듯 대상을 또 렷이 부각하는 말이기 때문에 단순히 '사람(인물)'이란 뜻으로 아무데나 써선 안 된다.

① 대필한 사람에게 '주인공' 표현은 걸맞지 않다.

수정전 국무총리는 시선을 시종일관 연단 위의 답변서에 고정시키고 있었다. 답변서를 쓴 주인공은 이날 새벽부터 국회 본관 233호실에 모여 있던 총리실 직원들이다.

수정후 국무총리는 시선을 시종일관 연단 위의 답변서에 고정시키고 있었다. 답변서는 총리실 직원들이 이날 새벽부터 국회 본관 233호실에 모여 작성했다.

② 주인공은 사람에게만 해당된다.

수정전 상사화를 주인공으로 한 '불갑산 상사화 축제'가 전남 영광에서 열렸다.

수정후 상사화를 주제로 한 '불갑산 상사화 축제'가 전남 영광에서 열렸다.

주인공의 사촌뻘 되는 말이 장본인張本人이다. 이 말의 용법에 관해서는 주장이 엇갈린다. 우선 '어떤 일을 꾀하여 일으킨 바로 그 사람'이라는 중립적인 풀이에 따라, 좋은 일이든 나쁜 일이든 주동이 됐거나 될 사람을 이른다는 견해가 있다. 그래서 '집안을 이끌 장본인, 결혼할 장본인, 물의를 일으킨 장본인'이 모두 바르다는 것이다. 그러나 다른 쪽에서는 이 말을 좋지 않은 일에만 쓰자고 한다. 어떤 사전은 아예 '나쁜 일을 빚어낸 그 사람'이라고만 풀이했다. 요즘은 거의 뒤의 용법으로 사용된다. '주인공'은 좋은 일의 중심인물, '장본인'은 바람직하지 않은 일의 중심인물이라고 기억하면 되겠다.

■ 대선의 패장敗將으로 책임을 져야 할 장본인이 비상대책위원회 위원장을 맡는 것은 앞뒤가 맞는 말이 아니다.

■ 그는 우리 집안의 평화를 깨뜨린 장본인이다.

수정전 한국 게임 산업을 <u>세계적인 수준으로 끌어올린 장본인</u>이자 많은 후배의 존경을 받는 선배님을 이렇게 보내드리게 돼 황망합니다.

수정후 한국 게임 산업을 <u>세계적인 수준으로 끌어올린 주인공</u>이자, 많은 후배의 존경을 받는 선배님을 이렇게 보내드리게 돼 황망합니다.

수정전 침공 규탄 안보리 결의안은 안보리 의장국이기도 한 <u>침공 장본인</u> 러시아가 반대(비토)표를 던져 무산됐다.

수정후 침공 규탄 안보리 결의안은 안보리 의장국이자 <u>침략국</u>인 러시아가 반대(비토)표를 던져 무산됐다.

관계자를 줄이자

기사에서 실명을 밝히지 않고 '관계자'로 표시하는 경우가 많다.
독자는 '관계자'가 누구인지 궁금하다.

'관계자 외 출입금지'를 자주 본다. 관공서에서도, 병원에서도, 카페에서도. 외부인은 들어오지 말라는 뜻이다. 그런데 관계자의 범위가 어디까지인지 애매하다. 산부인과 산실産室 앞에서 아기 아빠가 자신이 관계자에 해당되는 사람인지 판단하지 못하여 산실을 들어가지도, 나가지도 못했다는 우스갯소리가 있다. 기사에서도 '관계자'가 종종 등장한다. 실명을 밝히지 않고 '관계자'라고 두루뭉술하게 표시해 관계자가 누구인지 궁금할 때가 많다.

"훌륭한 출처는 신빙성을 높여 주며, 폭넓게 받아들이는 가설에 반하는 주장을 내놓을 때나 중대한 결정이 글의 정확성에 좌우

될 때 더 중요한 의미를 지닌다."

개리 프로보스트가 《전략적 글쓰기》(부글북스, 2008)에서 강조한 내용이다. 출처를 밝히는 방법은 다양하다. 마지막에 출처를 명시하거나 '누가 이런 말을 했다'는 식으로 설명하면 된다.

학자가 논문을 쓸 때 출처를 밝히지 않아 종종 표절 시비에 휘말린다. 논문에 비해 기준이 덜 엄격한 신문·방송 기사에서는 '대통령실의 핵심 관계자'처럼 포장하는 때가 많다. 예민한 사안일수록 그렇다. 취재원을 보호하기 위한 조치이지만 독자 입장에서는 불친절하게 느껴진다.

■ 서울대 관계자는 "논문 표절의혹과 관련해 오늘 총장 직권으로 연구진실성조사위원회를 열었다. 사안의 심각성을 파악해 통상 열리는 예비조사 없이 바로 본조사에 착수하기로 결정했다."라고 말했다.
■ 정부 관계자는 "○○○ 전 청와대 국가안보실장이 미국의 한 연구기관에 오래 머물기 위해 '징검다리' 성격으로 일단 서둘러 관광비자를 받은 것으로 보인다."라고 말했다.

꼭 익명을 써야 할 이유가 없는데도 다음 예문처럼 '관계자'를 습관적으로 남발하는 경향이 있다. 국내 저널리즘 연구자들은 '익명의 취재원'이 한국 언론의 기사 품질을 낮추는 요인이라고 지적한다. 외국 언론에 비해 취재원 숫자가 적고, 이름을 밝히지 않는 취재원이 많다는 것이다.

■ 삼성전자 관계자는 "보다 완벽한 홈 엔터테인먼트 환경을 집안에 구축하려는 소비자들의 트렌드를 반영해 먼저 출시한 2개 모델을 포함, 상반기 내 13개 이상의 신모델을 국내 시장에 선보일 계획"이라고 전했다.
■ 국립공원관리공단 속리산사무소 관계자는 "통제구간을 허가 없이 들어가거나 인화물질을 휴대하면 최고 50만 원의 과태료를 물게 된다."라고 말했다.

특정인을 거명하는 것이 어려울 때가 있다. 한 사람이 주도적으로 일을 하는 게 아니라 부서가 움직이는 경우가 그렇다. 그럴 때는 부서를 대표하는 사람을 내세우자.

단행, 돌입, 전격

강하고 자극적인 표현이 효과적이라고 생각하기 쉽지만
반복되면 글이 거칠어지고 품위가 없어 보인다.

인사를 단행했다?

진한 감동과 강한 인상을 주고 싶지 않은 사람은 없을 것이다. 글을 쓰다 보면 실제보다 더 크게 부풀리고, 생생하게 보이도록 하고 싶은 유혹을 받을 때가 많다. 그 때문인지 크고 강한 말이 자주 나온다.

대표적인 사례가 **단행**斷行이다. 사전에 올라 있는 **단행**의 뜻은 '결단하여 실행함'이다. 결단이 필요하거나 과단성이 드러나는 일에만 쓰는 것이 좋다. 그런데 웬만한 조치나 행위를 단행했다고 후하게(?) 대접한다.

정부 부처, 기업 가운데 인사이동 발표를 금요일 근무 시간이 끝날 무렵에 하는 곳이 많다. 당사자의 불만이나 반발을 피하기 위해 담당

공무원이 발표와 동시에 퇴근해 버린다. 해당 기관은 '인사를 단행했다'고 발표하지만 대부분은 이 표현이 어울리지 않는다. 오랜 시간 인사안을 검토하고, 공공연하게 인사내용이 나돌 정도가 되면 **단행**이라 말하기 어렵다.

- ■ 회사가 전격적으로 인사를 단행했다.
- ■ 방송국이 봄철 프로그램 개편을 단행했다.
- ■ 가벼운 워킹을 겸한 아웃도어 스타일로 일상화 + 등산화 + 안전화 기능을 갖춘 천연소가죽 '멀티안전화'를 홈쇼핑에서 선보이며 출시 기념 할인행사를 단행한다.

위의 예문에서 보듯이 회사의 인사, 방송사의 프로그램 개편에 상투적으로 **단행하다**가 따라붙는다. 심지어 상품 할인행사도 **단행한다**고 한다. 그러나 이 경우 **단행한다**를 '한다'로 대신해도 의미가 약해지지 않는다. 특히 첫째 예문에서 '전격적으로'라는 수식어가 있으니 **단행**은 사족이다.

영화가 장기 흥행에 돌입하다?

돌입突入도 아껴 써야 할 대상이다. 이는 '세찬 기세로 갑자기 뛰어듦'이라는 뜻이다. '적진에 돌입하다', '대기권에 돌입하다' 등이 적절한 쓰임새다.

■ 한국영화 좌석 판매율 1위를 기록한 영화 '킹메이커'가 장기 흥행에 돌입했다.

■ 본격적으로 홍보활동에 돌입할 예정이다.

위 예문들의 **돌입**은 그것을 사용할 만큼 긴박감이 느껴지지 않는다. '들어가다'를 사용해도 충분한 곳에 **돌입하다**를 마구 쓴 것이다. 강하고 자극적인 표현이 효과적이라고 생각하기 쉽지만 거칠고 품위가 낮아 보인다.

아래 예문은 대통령 선거운동을 보도한 신문들의 첫 문장이다. A~C는 '돌입하다', D와 E는 '시작되다'를 서술어로 사용했다. 어느 것이 적절한지 판단해 보자.

A. 20대 대선이 15일 0시부터 22일 공식 선거운동에 돌입한다.

B. 여야 대선 후보들이 오는 15일부터 22일간의 '혈전'에 돌입한다.

C. 3월 9일 치러지는 제20대 대통령 선거가 15일 0시를 기점으로 22일간의 공식 선거운동에 돌입했다.

D. 20대 대선 공식 선거운동이 15일부터 시작됐다. 대선 전날인 3월 8일까지 22일 일정이다.

E. 3·9대선의 공식 선거운동이 15일 0시부터 시작됐다. 대선 승리를 향한 22일간 여야 총력전의 막이 올랐다.

글쓰기 꼬마 참고서

전격적으로 압수수색하다?

전격적으로도 절제해서 사용해야 한다. **전격**電擊은 '번개같이 급작스럽게 들이침'을 뜻한다. 다음 문장을 보자.

■ 국민의힘 윤석열 대통령 후보와 국민의당 안철수 후보는 3일 새벽 야권 후보 단일화에 전격 합의했다.

대선을 엿새, 사전투표를 하루 앞두고 후보들이 단일화에 합의한 것은 전격적이라고 할 만하다.

■ 법무부 장관은 취임 이튿날인 18일 전격적으로 검찰 인사를 단행했다.

이 문장 역시 알맞은 사례다. 장관에 취임하자마자 인사를 결정한 것은 이례적이라 할 수 있다.

그러나 '압수수색' 앞에 약방의 감초처럼 오는 **전격적으로**를 절제해서 사용해야 한다. 원래 압수수색은 공개적으로, 예고하고 하는 것이 아니라 갑작스럽게, 몰래 하는 것이다. 아래 문장에서는 **전격적으로**와 **돌입**이 '압수수색'과 충돌하는 느낌을 준다.

■ 지난해 불거진 ○○○ 시장 선거 캠프 출신들의 산하기관 불법채용

의혹에 대해 경찰이 전격적으로 압수수색에 나섰다.

■ 특허권을 남용해 경쟁사들의 제네릭(복제약) 판매를 방해한 혐의를 받는 ○○제약에 대해 검찰이 압수수색을 실시하며 본격 수사에 돌입했다.

숫자는 말썽꾸러기

숫자와 관련된 표현은 글을 쓴 사람 이외에는 잘못을 찾아내기 쉽지 않다.
자신 없으면 숫자를 쓰지 않는 편이 좋다.

배수의 덫을 피하라

중·고등학교 시절 수학 교과서에 나오는 숫자를 보면 머리가 아팠다. 대중적인 글쓰기에서도 숫자가 너무 많이 나오면 독자의 뇌세포는 꼬이게 마련이다.

문장 표현이 조금 어색하거나 잘못되더라도 큰 문제가 아니다. 읽는 사람이 전후 문맥을 살펴 글쓴이의 뜻을 헤아릴 수 있기 때문이다. 그러나 숫자의 경우 사정이 달라진다. 국가 예산이나 기업의 매출액을 표시할 때 0을 한 개 빼면, 전혀 다른 차원의 내용이 된다. 단위가 틀리는 것은 그렇다 치더라도 중간에 있는 숫자가 틀리면 글을 쓴 사람을 제외하고는 잘못을 찾아내기가 거의 불가능하다.

이런 오류를 막는 방법은 두 가지다. 하나는 가급적 숫자를 쓰지 않는 것이다. 초보 글쟁이일수록 숫자를 나열하려는 강박감을 가지기 쉽다. 반드시 써야 한다면 거듭 확인하는 게 둘째 방법이다. 숫자에 뇌세포를 온통 집중해야 한다.

숫자와 관련된 표현도 조심해야 한다. 특히 '두 배', '세 배' 같은 배수倍數만 나오면 헷갈리는 사람이 많다. '몇 kg 늘었다' 또는 '몇 % 늘었다'고 할 때는 잘 계산하다가도 말이다. '배수의 덫'이라고 할까. 아래 예문과 정답을 살펴보자.

- ■ 어느 학과의 지원자가 지난해는 50명, 올해는 150명이다. 지원자의 증가율은 얼마일까.
- ▶ 정답: 200%

- ■ 어느 학과에 지난해 50명, 올해 150명이 지원했다. 올해 지원자는 '몇 배 늘었나?' '몇 배가 됐나?' '몇 배로 늘었다?'
- ▶ 정답: '두 배 늘었다.' '세 배가 됐다', '세 배로 늘었다.'

배는 '어떤 수량을 앞의 수만큼 거듭해 합한 수량'이란 뜻이다. '늘다, 불어나다, 오르다' 등과 어울려 수량의 변화를 비교할 때 쓰인다. 글을 쓰다 보면 '배'가 엉망이 되는 경우가 많다. 다음은 제대로 쓴 예문이다.

■ 평균 연봉이 1억 원을 넘긴 대기업이 1년 사이 **두 배**로 늘었다. 한국 경제연구원에 따르면 직원들의 평균 연봉이 1억 원 이상인 기업은 2020년 10곳이던 것이 작년에는 21곳으로 조사됐다.

신문이나 잡지를 뒤적이면 틀린 문장이 수두룩하다. "KTX의 하루 이용객은 개통 초기 7만 2000명에서 2019년 19만 명으로 2.5배 늘었다."라는 문장은 틀렸다. '2.5배 늘었다'가 아니라 '150% 늘었다', '1.5배 늘었다', '2.5배가 됐다'가 옳다.

> **수정전** 가정집 식재료로 많이 쓰이는 수미감자(20㎏) 도매가격이 7만 2600원으로, 1년 전(2만 5816원)과 비교하면 <u>2.8배</u> 올랐다.
>
> **수정후** 가정집 식재료로 많이 쓰이는 수미감자(20㎏) 도매가격이 7만 2600원으로, 1년 전(2만 5816원) 가격의 <u>2.8배가</u> 됐다.

글쓰기를 업으로 하는 사람들도 숫자를 제대로 쓰기가 어렵다. 자칫 방심하면 오류가 생긴다. 배수와 관련하여 하나 더 배워보자.

> **수정전** 미국에서 전자발찌를 가장 먼저 도입해 10년째 시행 중인 플로리다주의 경우 재범률이 <u>2배 이상</u> 감소했다.
>
> **수정후** 미국에서 전자발찌를 가장 먼저 도입해 10년째 시행 중인 플로리다주의 경우 재범률이 <u>절반 이하</u>로 감소했다.

> **수정전** 남아공 돌연변이가 항체를 <u>10배 감소시키는 특성</u>이 있다.
>
> **수정후** 남아공 돌연변이가 항체를 <u>10분의 1로 감소시키는 특성</u>이 있다.

'2배 이상 감소하다', '10배 감소시키다', '3배 낮다'는 표현은 어색하다. '절반 이하로 줄었다', '10분의 1로 감소시켰다', '3분의 1 정도다'로 고치는 것이 마땅하다. 국립국어원은 'n분의 1로 줄었다'와 'n배 줄었다'를 섞어 써도 무방하다는 애매한 입장을 보이고 있다. 무책임한 자세다.

배수 표현
한 걸음 더

서울시가 광화문광장이 넓어져 공원처럼 변한다는 내용의 보도자료를 배포했다. 예전의 광장에 비해 총면적이 2.1배로, 광장의 폭은 1.7배로 늘어난다는 내용이다.

제목: 서울시, 광화문광장 7월 시민 품으로…2배로 넓어진 공원 같은 광장

소제목: 총면적 2.1배, 광장 폭 1.7배, 녹지 3.3배로 확대

본문: 서울 광화문 광장이 공사를 끝내고 시민의 품으로 돌아온다. 기존 차도를 걷어내고 보행로를 넓혀 조성되는 광화문광장은 면적은 당초 (18,840㎡)에서 4만300㎡로 늘어난다. 광장의 폭은 35m에서 60m로 확대된다.

아래 기사는 보도자료를 바탕으로 쓴 것이다. 제목과 본문에 등장하는 '배수'에 초점을 맞춰 제대로 썼는지 살펴 보자.

■ **A신문**

제목: 광화문광장 녹지 3.3배 늘어나고 한글 분수 생긴다

본문: 새로운 광화문광장은 광장 서쪽의 세종문화회관 앞 3개 차로가 사라지고 보행로가 들어서면서 총면적이 4만 300㎡로, 기존 1만 8840㎡의 2.1배로 넓어진다. 광장 폭도 35m에서 60m가 돼 약 1.7배로 확대된다. 시에 따르면 광장 전체 면적의 약 4분의 1에 해당하는 9367㎡에 녹지가 조성돼 기존 2830㎡의 약 3.3배로 늘어난다.

■ **B신문**

제목: 2배 넓어진 광화문광장 7월 시민 품으로

소제목: 전체 23% 공원화…녹지 3.3배로

본문: 새로 조성된 광화문광장은 4만 300㎡로, 공사 전(1만 8840㎡)보다 면적이 약 2.1배로 넓어졌다. 기존 광장의 차도를 걷어내고 보행로를 넓혔다. 광장 폭도 35m에서 60m로 확대됐다. 광장 전체 면적의 23%에 해당하는 9367㎡를 공원 형태로 꾸미며 기존 녹지 면적인 2830㎡보다 약 3.3배로 넓혔다.

■ **C신문**

제목: 2배 넓어지고 숲도 품고…'새 광화문광장' 7월 시민 품으로

본문: 새 광화문광장의 총 면적은 4만 300㎡다. 기존(1만 8840㎡)보다 2.1배 넓어진다. 광장 폭도 35m에서 60m로 약 1.7배 확대된다. (중략) 광장 전체 면적의 약 4분의 1(9367㎡)은 녹지로 조성된다. 과거(2830㎡)보다

글쓰기 꼬마 참고서

3.3배 늘어난 규모다.

    A 신문은 본문은 완벽한데 제목이 틀렸다. 녹지는 본문에 쓴 것처럼 3.3배로 늘어난다. 3.3배 늘어나는 것이 아니다. B 신문도 본문은 제대로 썼다. 제목이 틀렸다. 광장이 2배로 넓어지는데 2배 넓어진다고 표현했다. C 신문은 본문과 제목이 모두 틀렸다. 취재기자가 본문에서 잘못 쓰니, 본문을 기초로 해서 제목을 뽑는 편집기자까지 덩달아 틀렸다.

과반수와 절반

숫자를 쓸 때 거듭 확인해야 한다는 점을 앞에서 강조했다. 숫자와 관련된 이야기를 계속해 보자.

> **수정전** 그 모임 구성원의 <u>과반수 이상</u>이 미혼 여성이다.
> **수정후** 그 모임 구성원의 <u>과반수</u>가 미혼 여성이다.

> **수정전** 이사회에서 <u>과반수 이상</u>의 찬성을 얻어야 한다.
> **수정후** 이사회에서 <u>과반수</u>의 찬성을 얻어야 한다.

예문에서 **과반수 이상**은 잘못이다. 과반수過半數는 '반을 넘는 수'를 뜻하기 때문에 '이상'과 같이 쓸 수 없다. 이 대목에서 '과반수'와 '절반(2분의 1) 이상'의 차이점을 알아보자. 이사회 구성원이 20명이라면 과반수는 최소 11명이고, 절반 이상은 최소 10명이다.

%와 %포인트

경제현상을 다룰 때 %와 %포인트 없이 글을 쓰는 것은 거의 불가능하다. 임금, 금리, 물가, 인구, 실업, 취업 등 숫자가 들어가는 문장에서 %를 사용하여 변화를 쉽고 간단하게 표현할 수 있다. 선거철에는 여론조사 결과나 득표율을 전할 때 필요하다. %와 생긴 것이 비슷하지만 꼭 구별해야 할 것이 %포인트다. %포인트가 있어야 할 자리에 %가 있으면 뜻이 뒤죽박죽 섞인다. 안 쓰느니만 못하다.

%와 %포인트를 어떻게 구분할까? 정당 또는 후보자의 지지율이나 펀드의 수익률 등을 나타낼 때, 두 단위는 한 문장에서 함께 나올 정도로 자주 쓰인다. %는 비율 또는 변화의 정도를 나타낼 때 사용한다. 기준을 100으로 할 때 비교 대상이 얼마냐를 따지는 것이다. 어느 회사의 순이익이 2021년에 13조 5000억 원에서 2022년 15조 원으로 증가했다면 증가율은 약 11%다.

%포인트는 %단위끼리 비교할 때 사용한다. 여론조사에서 A후보의 지지율이 30%, B후보의 지지율이 40%라고 하자. 이 때 두 후보의 지지율 격차는 10%포인트가 된다. 만약 두 후보의 지지율 격차를 10%로 표기하면 어떻게 될까. 30%의 10%는 3%이기 때문에 B후보의 지지율은 33%가 되어야 한다. 학자금 대출금리가 지난해 6.6%에서 올해 7.6%로 높아졌을 때는 '1.0%포인트 올랐다'고 표현한다. 실제 상승폭을 따지면 6.6%에서 15%가 오른 것이다.

다음은 %와 %포인트를 제대로 구별해 쓴 글이다.

■ 인터넷 전문은행 카카오뱅크가 신용대출 금리를 최대 0.5%포인트 낮췄다. 전날 최저금리가 연 4.07%였는데 하루 만에 연 3.57%로 낮아졌다.

■ 투수들의 올해 스트라이크 투구 비율은 61.2%다. 지난해(62.6%)보다 1.4%포인트 떨어졌다.

%와 %포인트를 구별하기는 쉽지 않다. 이 둘을 구분하지 못해 사회적으로 문제가 된 적이 있다. 2015학년도 대학 수학능력시험 출제 오류 논란이 대표적이다. 영어 25번 문항, 미국 청소년의 소셜미디어 이용 실태에 관한 그래프를 제시하고는 이에 관한 틀린 설명을 고르라는 문제다. 출제기관인 한국교육과정평가원은 e메일 주소 공개비율이 2006년 29%에서 2012년 53%로 증가한 그래프를 두고, '2012년 비율이 2006년보다 3배 높다'고 서술한 4번을 정답으로 발표했다. 그랬더니 휴대전화 번호공개 비율이 같은 기간 2%에서 20%로 늘어난 그래프를 '18% 증가했다'고 풀이한 5번도 설명이 틀렸기 때문에 정답이라는 이의가 제기됐다. 단위를 '%포인트'로 해야 정확하다는 취지의 이의제기였다. '2%에서 18%가 늘면 20%가 아니라 2.36%가 돼야 한다'는 주장이었다. 결국 교육과정평가원은 두 개를 복수정답으로 처리했다.

'째'인가 '번째'인가

- "그의 첫 번째 매력은 잘생긴 외모다."
- "우리 애가 이번 시험에서 꼴찌에서 다섯 번째 했어."

우리는 흔히 이렇게 말하고 적는다. '첫째 매력'과 '꼴찌에서 다섯째'가 옳지만, 습관의 위력은 무섭다.

서수사(예시: 첫째, 둘째, 셋째)는 차례나 등급을 나타낸다. 나란히 있는 사람이나 물건의 차례를 말할 때(예시: 둘째 줄의 셋째 사람), 항목이나 사례를 열거할 때(예시: 첫째, 그는 정직하다), 출생 등의 시간적 순서와 규모나 질의 등급을 이를 때(예시: 넷째 아들, 둘째로 좋은 제품) 쓴다. 이와 달리 '번째'는 거듭하는 일의 차례를 뜻한다. '첫 번째 시도', '그곳에 네 번째 방문한다'처럼.

그러나 실제 글을 쓰다 보면 '째'가 들어가야 할 자리에서 무심코 '번째'라고 한다. 아래 예문은 '째'와 '번째'를 제대로 가려 쓴 것들이다.

- 세계육상선수권대회 남자 높이뛰기 결선에 오른 선수 중에서 우상혁은 둘째로 키가 작다.
- 차기 대통령의 가장 중요한 과제는 무엇인가. 첫째도 통합, 둘째도 통합, 셋째도 통합이다.
- 대통령선거 사전투표 실시 기간인 5일 북한이 또 다시 탄도미사일을 발사하고 '정찰위성 개발을 위한 중요 시험'이라고 주장했다. 올해 들어 아홉 번째 도발이다.
- 멀티플렉스 극장 CGV가 영화 관람료를 인상한다. 코로나19 팬데믹 이후 세 번째 인상이다.
- 어제가 100번째 어린이날이었다. 세계 최빈국에서 1인당 소득 3만 달러 나라로 도약하는 사이, 어린이날은 크고 작은 변화를 겪었다.

다음은 잘못 쓴 예다. '째'를 써야 할 자리에 '번째'를 썼다.

① 순서를 말할 때는 '첫째'가 옳다.

수정전 어머니는 음력 초하루엔 눈이 오나 비가 오나 새벽에 <u>첫 번째로</u> 예불하셨다.

수정후 어머니는 음력 초하루엔 눈이 오나 비가 오나 새벽에 <u>첫째로</u> 예불하셨다.

② 순위를 말하는 것이므로 '다섯째'가 옳다.

수정전 변변한 유전 하나 없이 <u>세계 다섯 번째 원유 수입국</u>인 우리나라로서는 이만저만한 걱정이 아니다.

수정후 변변한 유전 하나 없이 <u>세계 다섯째 원유 수입국</u>인 우리나라로서는 이만저만한 걱정이 아니다.

③ 순위를 나타내는 것이기 때문에 '여섯째로'.

수정전 삼성 라이온즈의 투수 뷰캐넌은 올해 퀄리티스타트도 8차례로 리그 1위고, 평균자책점은 2.17로, <u>리그에서 여섯 번째로</u> 좋다.

수정후 삼성 라이온즈의 투수 뷰캐넌은 올해 퀄리티스타트도 8차례로 리그 1위고, 평균자책점은 2.17로, <u>리그에서 여섯째로</u> 좋다.

④ 셋째 샷을 어프로치샷으로. 어프로치샷을 세 번 한 게 아니다.

수정전 신지애 선수는 파5 1번 홀에서 <u>세 번째 어프로치샷을</u> 홀 1m 거리에 붙인 뒤 가볍게 버디를 잡아냈다.

수정후 신지애 선수는 파5 1번 홀에서 <u>셋째 샷을 어프로치샷으로</u> 홀 1m

거리에 붙인 뒤 가볍게 버디를 잡아냈다.

'째'와 '번째'가 헷갈린다면 과거 일부다처제 나라에 살고 있다고
상상해 보자. '첫째 부인(우선 순위가 맨 먼저)'과 '첫 번째 부인(결혼한 순
서가 맨 먼저)'의 차이를 떠올리면서.

입말에서 가끔 쓰는 '~째 번(첫째 번, 다섯째 번)'은 뜻에 따라 '째'나
'번째'로 바꾸자.

물결표 뒤쪽을
잘 살피자

'3~40만 원'이라고 적으면 '3원~40만 원'을 의미한다.
'30만~40만 원'이 아니다.

'동안표'라고도 하는 **물결표(~)**는 **내지**乃至의 뜻으로 쓰인다. '무엇부터 무엇까지(또는 그 사이)'의 의미다. '80~90개'는 80개 내지 90개 또는 80개에서 90개까지를 뜻하며, '6월 2~5일'은 2일에서 5일까지 또는 그 사이, '25~45쪽'은 25쪽에서 45쪽까지 또는 그 사이다. 사전에서는 어떤 말의 앞이나 뒤에 들어갈 말 대신에 이 표를 넣는다. '운동'이라는 표제어의 용례를 보일 때 '~장, ~화, 선거~, 새마을~'처럼 제시하는 식이다.

이 두 용법 중 앞의 것이 글 쓰는 이들을 자주 헷갈리게 한다.

① **까지**라는 말은 물결표 속에 이미 녹아 있다. **까지**를 빼도 되지만, 그냥 놔두고 물결표를 **부터**로 바꾸면 자연스럽다.

수정전 종합부동산세(종부세) 납부 기간은 12월 1일~15일까지다.

수정후 종합부동산세(종부세) 납부 기간은 12월 1일부터 15일까지다.

② **가량**은 사실상 군더더기다. '정도, 쯤, 가량, 남짓, 여餘'가 또한 그렇다. 물결표를 이미 '내지'로 읽는데, 거기에 추정하는 말을 불필요하게 붙이지 말자.

수정전 코로나로 실적 악화를 겪어온 롯데월드가 자유이용권 가격을 3~5% 가량 올린다.

수정후 코로나로 실적 악화를 겪어온 롯데월드가 자유이용권 가격을 3~5% 올린다.

③ **약**도 '가량'과 마찬가지로 불필요하다.

수정전 심혈관 질환, 암, 당뇨병 등의 기본의약품을 개발하는데 약 7~10년 걸린다.

수정후 심혈관 질환, 암, 당뇨병 등의 기본의약품을 개발하는데 7~10년 걸린다.

단위가 헛갈릴 때도 있다. '30만~40만 원'을 '3~40만 원(3원에서 40만 원까지)'으로 적는 경우가 그렇다. '삼사십만 원'이라는 입말의 영향 때문이다.

④ 문장대로라면 청사를 짓는데 들어가는 비용이 '1원에서 2000억 원'이 된다.

> (수정전) 국방부의 이전 비용은 국방부 이사 비용 500억 원, 국방 청사를 새로 짓는데 1~2000억 원, 네트워크망에 1000억 원, 방호시설에 1000억 원이 소요될 것으로 예상된다.

> (수정후) 국방부의 이전 비용은 국방부 이사 비용 500억 원, 국방 청사를 새로 짓는 데 1000억~2000억 원, 그리고 네트워크망에 1000억 원, 방호시설에 1000억 원이 소요될 것으로 예상된다.

⑤ 마찬가지로 '500만'으로 표기해야 독자가 혼동하지 않는다.

> (수정전) 해마다 인구의 10~20%인 500~1000만 명을 감염시키는 질환으로 코로나19가 자리잡지 않을까 예상된다.

> (수정후) 해마다 인구의 10~20%인 500만~1000만 명을 감염시키는 질환으로 코로나19가 자리잡지 않을까 예상된다.

다음은 '인수분해' 문제다. 수량을 나타내는 말을 물결표 앞뒤에 거듭 쓸 것인가, 뒤에만 넣을 것인가?

대부분의 글에서는 뒤에만 넣는다. '9월 15일~25일', '10cm~20cm'가 아니라 '9월 15~25일', '10~20cm'다.

> (수정전) 흥겨운 팝 음악이 흘러나오자 70대~80대 여성 20여 명이 일사불란하게 스텝을 밟았다.

수정후 흥겨운 팝 음악이 흘러나오자 70~80대 여성 20여 명이 일사불란하게 스텝을 밟았다.

수정전 경기 북부와 강원 영서 북부에 비가 시간당 30mm~50mm의 비가 내릴 것으로 예보됐다.

수정후 경기 북부와 강원 영서 북부에 비가 시간당 30~50mm의 비가 내릴 것으로 예보됐다.

'부터'와 '까지'의
함정

'부터'는 어떤 일이나 상태 따위에 관련된 범위의 시작을 나타내는 보조사다.
뒤에 끝을 나타내는 '까지'가 와서 짝을 이루는 것이 보통이다.

다음 예문을 통해 '부터'와 '까지'의 쓰임새를 살펴 보자.

■ 매들린 올브라이트 전 장관은 소련이 붕괴한 1991년부터 2001년
9·11 사태로 '테러와의 전쟁'을 시작하기 전까지 10년 가까이 미국
외교의 '얼굴'이었다. 빌 클린턴 행정부 1기에 유엔 대사(1993~1997)
를 지냈고, 2기 때 국무장관(1997~2001)으로 일했다.

■ 본투표에 앞서 실시되는 사전투표는 거주 지역에 상관없이 주민등록
증 등 신분증만 지참하면 오전 6시부터 오후 6시까지 전국 어느 투
표소에서나 할 수 있다.

그러나 용법에 어울리지 않게 쓰는 경우가 많다. 아래 문장을 읽고 무엇이 틀렸는지 생각해 보자.

■ 서울시는 "일제가 90년 전 갈라놓은 창경궁과 종묘를 연결하는 역사 복원사업을 끝내고 22일부터 시민들에게 개방한다"라고 밝혔다.
■ 작년 말 발생한 2000억 원대 횡령 사건으로 4개월 가깝게 거래가 정지된 오스템임플란트 주식 거래가 28일부터 재개된다.
■ 전국의 병·의원들이 30일부터 무기한 집단 휴진에 돌입했다.

금방 답을 알아챘을 것이다. **부터**가 잘못 쓰였다. '개방', '재개', '돌입'에는 시작의 개념이 포함돼 있다. '시작'은 특정한 시점이나 지점에서 어떤 행위나 상태가 비롯함을 뜻한다. 방금 나는 글쓰기를 시작했고, 10분 뒤의 나는 10분 전에 이미 시작한 글쓰기를 '하고 있는 중'일 것이다.

이와는 달리 **~부터**같은 말은 시간이 미치는 '범위'를 함축한다. '시작'은 점点을, '부터'는 선線의 맨 앞부분을 가리킨다고 할까. 따라서 위의 예문에서 조사 **부터**를 빼야 한다. 어떤 일의 시작을 알릴 때 상투적으로 **부터**를 쓸 때가 많다. 사족이다. 예문을 더 보자.

① '시작'에는 **부터**가 없어야 한다.
수정전 존경하는 국민 여러분! 제20대 대통령선거의 선거운동이 내일부터 시작됩니다.

수정후 존경하는 국민 여러분! 제20대 대통령선거의 선거운동이 <u>내일 시</u><u>작됩니다</u>.

② '취임'에 '시작'의 개념이 들어 있다.

수정전 <u>2012년부터 국방장관에 취임한 그는</u> '종이호랑이'였던 러시아군을 현대화·전문화된 군대로 탈바꿈시켰다.

수정후 <u>2012년 국방장관에 취임한 그는</u> '종이호랑이'였던 러시아군을 현대화·전문화된 군대로 탈바꿈시켰다.

한편, 아래의 예문은 심각하게 꼬인 글이다.

■ 신인 미술작가의 등용문인 ○○미술대전이 4월 3일부터 6일까지 접수를 시작한다.

'4월 3일 접수하기 시작해 6일 마감한다'는 뜻일 텐데 '접수를 3일간 시작한다'가 돼 버렸다. '시작'을 빼고 흐름이 자연스럽게 '작품을'이나 '응모작을'이란 말을 넣어 '4월 3일부터 6일까지 작품(응모작)을 접수한다'로 바꿔야겠다. 또는 '4월 3~6일 작품(응모작)을 접수한다'로. **신인 미술작가의 등용문인 ○○미술대전이 4월 3일부터 6일까지 작품을 접수한다.**가 자연스럽다.

부터 시작 어구보다 더 까다로운 게 **이후부터**다. 아래의 예문을 보자.

■ 로마 몰락 이후부터 중세까지 1000년을 시대적 배경으로 하고 있다.

'로마 몰락 이후부터'라 하면 몰락한 직후부터인지 몇십 년, 몇백 년 뒤부터인지 알 수 없다. **이후**는 일정한 때가 아니고 '범위'여서 숱한 시점을 안고 있기 때문이다. '로마 몰락 이후'나 '로마가 몰락한 때부터'로 바꿔야 한다. **로마가 몰락한 때부터 중세까지 1000년을 시대적 배경으로 하고 있다.**가 적절하다.

③ **이후**에 '범위'의 개념이 포함되어 있다.

수정전 ○○시는 7월 이후부터 분리수거에 응하지 않는 가구에 대해 5만~10만 원의 과태료를 부과할 방침이다.

수정후 ○○시는 7월부터 분리수거에 응하지 않는 가구에 대해 5만~10만 원의 과태료를 부과할 방침이다.

이후부터의 논리는 당연히 **이전까지**에도 적용된다.

④ **전까지**라 하면 언제까지인지 기준 시점이 아리송해진다. '해방 전(에)만 해도'나 더 줄여 '해방 전에는' 정도로 수정해야 한다.

수정전 반달가슴곰은 해방 전까지만 해도 곳곳의 산악에서 자주 목격됐다.

수정후 반달가슴곰은 해방 전에만 해도 곳곳의 산악에서 자주 목격됐다.

이 밖에 '연말 이전까지'는 '연말까지'나 '올해 안에'로, '~법 발효 전까지'는 '~법이 발효할 때까지'로 바꾸자.

46

'있어서'
불편할 때가 있다

'~에 있어서'는 일본어 잔재다.
맥락에 따라 '~은, ~는, ~를' 등으로 바꾸면 훨씬 자연스럽다.

일본어의 잔재가 많이 사라졌지만 우리말에 여전히 흔적이 남아 있다. 단어는 물론이고, 일본어의 구문을 옮겨온 것도 있다. **~에 있어서, ~에 다름 아니다** 표현이 그런 예다. 일상에서 널리 사용되고 있어 일본어에서 온 것인지조차 잘 모른다. 한글날에만 우리말과 글에 관심을 보이는 현실이 안타깝다. 늘 관심을 갖자.

어린이의 말과 글에는 **~에 있어(서)** 구문이 거의 나타나지 않는다. 하지만 교장 선생님이 훈화를 하거나, 높은 자리에 있는 분들이 연설할 때 애용한다. 엄숙해 보이기 위해서일까. 이는 일본어 **~に 於いて (~에 있어서)**를 흉내 낸 것이다. 그냥 '~에서'로 충분할 때가 많다. 맥락에 따라 '~은, ~는, ~를' 따위로 바꾸면 훨씬 자연스럽다.

수정전 삶에서 진리는 찾기 쉽지 않지만, 투자에 있어서는 보편적 법칙들이 생각보다 많다.

수정후 삶에서 진리는 찾기 쉽지 않지만, 투자에서는 보편적 법칙들이 생각보다 많다.

수정전 한·중 관계에 있어서 현안 중 하나는 사드 배치를 둘러싼 이견이다.

수정후 한·중 관계에서 현안 중 하나는 사드 배치를 둘러싼 이견이다.

수정전 당뇨병 치료에 있어서 중요한 것이 꾸준한 자기관리다.

수정후 당뇨병 치료에서 중요한 것이 꾸준한 자기관리다.

수정전 더위를 겨냥해 만들어진 도넛인 만큼 먹는 방법에 있어서도 기존의 도넛과는 차별성을 띤다.

수정후 더위를 겨냥해 만들어진 도넛인 만큼 먹는 방법에서도 기존의 도넛과는 차별성을 띤다.

다음처럼 '~에(게) 있어서'에서 **있어서**를 빼 버리고 '~에(게)'만 남기는 것이 간결하고 이해하는 데 오히려 도움이 될 때도 있다.

수정전 조기 퇴직은 인생에 있어서 먹구름 같은 존재다.

수정후 조기 퇴직은 인생에 먹구름 같은 존재다.

수정전 미국 사람들이 먹는 쇠고기를 수입해 오기 때문에 안전에 있어서 문제가 없다.

수정후 미국 사람들이 먹는 쇠고기를 수입해 오기 때문에 안전에 문제가 없다.

수정전 빨리 걷는 것보다 일정한 속도로 걷는 것이 혈압을 낮추는 데 있어서 보다 효과적이다.

수정후 빨리 걷는 것보다 일정한 속도로 걷는 것이 혈압을 낮추는 데 보다 효과적이다.

아래 예문처럼 구문을 바꿔야 하는 경우도 있다.

수정전 임플란트 시술에 있어서는 장기간의 금연이 필요하다.

수정후 임플란트 시술을 할 때는 장기간의 금연이 필요하다.

수정전 부부애와 부정父情, 삶에 있어서 일의 의미 등을 되새겨 보게 하는 영화다.

수정후 부부애와 부정父情, 삶에서 일이 갖는 의미 등을 되새겨 보게 하는 영화다.

수정전 서양적 가치에 있어서는 육체의 고통은 극복 대상이다.

수정후 서양적 가치를 기준으로 보면 육체의 고통은 극복 대상이다.

일본식 표현의 또 다른 예로 **~에 다름 아니다**가 있다. 높은 분이 한 말씀 할 때나 칼럼, 사설社說 등 무게 있는 글을 쓸 때 애용한다. 이는 **~に ほかならない(~와/과 다름없다)**를 직역한 것이다. 앞에 오는 내용을 단정해서 강조할 때 사용하는 표현으로, '그 이외의 무엇도 아니다'는 의미다. '바로 ~이다. ~이 틀림없다. ~나 다름없다. ~라 할 만하다' 등으로 고쳐쓰는 것이 더 우리말답다.

> **수정전** 그 팀이 우승할 수 있었던 것은 <u>노력의 결과에 다름 아니다</u>.
> **수정후** 그 팀이 우승할 수 있었던 것은 <u>바로 노력의 결과다</u>.

> **수정전** 그것은 법의 지배를 위한 것이 아니라 또 다른 형태의 <u>폭력을 만들기 위함에 다름 아니다</u>.
> **수정후** 그것은 법의 지배를 위한 것이 아니라 또 다른 형태의 <u>폭력을 만들기 위한 것이다</u>.

> **수정전** 정치인의 부정부패는 <u>금권정치의 산물에 다름 아니다</u>.
> **수정후** 정치인의 부정부패는 <u>금권정치의 산물이 틀림없다(혹은 산물이나 다름없다)</u>.

47

잉글리시, 또 잉글리시

영어를 쓸 때 쓰더라도 정도껏 써야 한다.
글을 읽는 사람이 무슨 뜻인지 모르는 표현이 너무 많다.

영어를 전혀 넣지 않고 글을 쓰기란 쉽지 않다. 이미 우리 말의 일
부가 됐다. 카센터, 고객센터, 서비스센터에 주민센터까지 온갖 '센
터'가 생활 주변에 널려 있다. 세계화 · 정보화 시대에 영어 사용을 거
부할 수는 없다. 시류이고 대세다. 사실 영어를 적절하게 섞으면 뜻을
이해하기 쉬운 경우도 있다. 게다가 유식해 보이기까지 하니 유혹을
떨치기가 쉽지 않다.

■ 코로나가 다시 확산됨에 따라 대통령이 당분간 도어스테핑을 하지
않기로 했다.

도어스테핑_{doorstepping}은 출근 시간 문 앞에서 기다리고 있는 기자들의 질문에 간단히 답하는 것을 말한다. '출근길 회견', '약식 문답'으로 바꿀 수 있다. **코로나가 다시 확산됨에 따라 대통령이 당분간 출근길 약식 기자회견을 하지 않기로 했다.**로 바꾸는 것이 좋다.

> **수정전** 코로나19 신규 확진자 수가 <u>1주일 단위로 더블링 되는 현상</u>이 이어질 경우 20일에는 8만 명을 넘어설 것으로 보인다.
>
> **수정후** 코로나19 신규 확진자 수가 <u>1주일 단위로 두 배가 되는 더블링 현상</u>이 이어질 경우 20일에는 8만 명을 넘어설 것으로 보인다.

> **수정전** 삼성전자와 애플의 하반기 플래그십 제품 공개가 가까워지면서 움츠린 스마트폰 시장이 기지개를 켤 수 있을지 시장의 관심이 쏠린다.
>
> **수정후** 삼성전자와 애플의 하반기 간판 상품 공개가 가까워지면서 움츠린 스마트폰 시장이 기지개를 켤 수 있을지 시장의 관심이 쏠린다.

영어를 쓸 때 쓰더라도 정도껏 써야 한다. 글을 읽는 사람이 무슨 뜻인지 모를 표현이 지나치게 자주 눈에 띈다. 특히 패션과 관련된 글이 그렇다.

■ 2022 봄/여름 컬렉션을 통해 새로운 모습으로 선보이는 토즈 케이

트 로퍼 힐은 길게 뻗은 클래식한 형태에 골드 컬러 케이트 장식이 더해져 우아하고 클래식한 디자인이 특징이다. 브라운과 화이트 레더 소재에서 느껴지는 광택감과 힐 부분 우드의 매트함을 더해 다양한 매력을 보여준다.

■ 입체적인 패턴과 드레이핑, 오트 쿠튀르적인 디테일에 럭셔리한 소재가 더해진 웨딩드레스는 정숙한 여성미를 한껏 뽐낸다. 세련된 엠파이어 라인, 몸에 꼭 맞는 실루엣과 벌룬스커트의 백 오픈 디자인 등은 고급스러움과 섹시함을 동시에 살려 준다.

영어를 어간으로 한 동사도 자주 보인다. 대표적인 게 '오픈하다'다.

■ 우리 동네 상가에 또 다른 채소가게가 오픈했다. 아파트 입주자 카페에는 오픈한 채소가게가 값도 싸고 사은품도 주니 어서 가보라는 글이 올라왔다.

'개장했다'나 '열었다' 대신에 굳이 '오픈했다'고 쓸 까닭이 없다. 더 고급스럽지도, 적합하지도 않다.

■ 은퇴 시기의 투자는 은퇴 전과는 차별화된 자산운용 및 <u>투자 마인드</u>를 지녀야 한다.
■ 경북 예천소방서는 직장 내 청렴 문화 조성을 위한 <u>청렴마인드</u> 향상 교육을 실시했다.

■ 이번 공모전에서는 개별화·안전·비대면 등 **포스트코로나** 시대의 최신 관광 **트렌드**와 함께 서울의 매력을 잘 반영한 상품을 선발할 예정이다.

■ **웰빙 트렌드**의 영향으로 삶의 질을 중시하게 되면서 세컨드 하우스의 수요가 많아지고 있다.

'마인드'는 '의식·정신·마음·의지·사고·사고방식'이고 '트렌드'는 '흐름·추세·동향·경향·대세·유행'이다. 일상화한 말이라고 넘겨 버리지 말자. '라디오'나 '텔레비전'처럼 대체할 말이 없다면 몰라도 가능한 쉽고 아름다운 우리말을 애용하자. 겉멋에 들떠 영어를 섞어 쓰는 것보다 세련돼 보일 수 있다.

두 단어 이상의 영어도 많이 쓴다. '어닝 스프라이즈', '게임 체인저' '빅데이터'….

■ 1분기 삼성전자 실적이 어닝 스프라이즈임에도 불구하고 주가는 하락했다.

■ 애플의 아이폰이나 마이크로소프트에서 윈도우의 등장처럼 게임 체인저로 불리는 것은 세상의 변화를 이끌었으면서 동시에 구체적인 상품 혹은 사건이었다.

어닝 스프라이즈_{earning surprise}는 깜짝 실적, 게임 체인저_{game changer}는 흐름을 바꾼 사건이나 제품을 뜻한다. 쉽게 풀어주는 게 친절하다.

48

호들갑스러운
작은따옴표

작은따옴표가 많으면 글이 호들갑스러워진다.
있어도 되고 없어도 되면 없는 것이 더 좋다.

"기록의 한계를 느낄 때마다 외로웠다. 하지만 두려워하지 않고 계속 문을 두드리려고 안간힘을 쓰고 있다. 많은 분이 '힘들지만 포기하지 않았으면 좋겠다. 달려라, 김국영'이라고 응원해 주신다"며 "출발선에 설 때마다 '할 수 있다'가 아닌 '한다', '뛸 수 있다'가 아닌 '뛴다', '깰 수 있다'가 아닌 '깬다'는 생각으로 도전하겠다."

육상 국가대표 선수 김국영의 인터뷰다. 그리 길지 않은 분량인데 인용과 강조를 위해 큰따옴표, 작은따옴표가 잇따라 등장한다. 문장부호가 지나치게 많으면 가독성이 떨어진다.

따옴표의 쓰임새에 대해 알아보자. 큰따옴표(" ")는 직접 대화를 표시하거나(하단 A), 남의 말을 인용할 경우(B)에 쓴다. 작은따옴표(' ')는 따온 말 가운데 다시 따온 말이 들어 있거나(C), 마음속으로 한 말을 적을 때(D) 필요하다.

A. "전기가 없을 때는 어떻게 책을 보았을까?" "그야 등잔불을 켜고 보았겠지."

B. "사람은 사회적 동물이다"라고 말한 학자가 있다.

C. "여러분! 침착해야 합니다. '하늘이 무너져도 솟아날 구멍이 있다'고 합니다."

D. '만약 내가 이런 모습으로 돌아간다면, 모두들 깜짝 놀라겠지.'

아래에서 보듯이 중요한 부분을 강조하고자 드러냄표(방점) 대신에 작은따옴표를 쓰기도 한다.

■ '배부른 돼지'보다는 '배고픈 소크라테스'가 되겠다.

■ 우리는 종종 '미안'이라는 말을 '내가 졌어'와 같은 패배감과 자존심의 하락, 그 언저리 즈음의 의미로 생각한다.

■ 어디에 어떤 땅을 가지고 있느냐가 아니라 그 땅에서 한 해에 얼마의 소득이 나오느냐가 중요하다. 소설 속 인물의 묘사나 사교모임 여성들의 귓속 대화에서 '소득'이 자주 등장한다는 것은 이런 변화를 반영한다.

글쓰기 꼬마 참고서

'중요한 부분을 강조하기 위해서'라고 하는 것은 단어나 어구를 강조할 때, 익숙하지 않은 용어나 조어造語를 처음 쓸 때, 속어와 구어를 원용하면서 일반적인 용어가 아니라는 사실을 알리고자 할 때 등이다. 아래 예문에서 작은따옴표는 없어도 충분하다. 아니, 없는 편이 더 낫다.

- SPC삼립이 재출시한 포켓몬 빵의 흥행 열풍에 편의점과 제과업계가 '특수'를 누리고 있다.
- 고소득 전문직, 대기업이나 공공기관 종사자가 대부분일 강남의 세입자들도 결국 이런 정책의 '피해자'다. 종부세 등이 시행 과정에서 '누더기'가 되었을지언정, '진보' 정권의 지속은 저들에게는 사활을 걸고 막아야 할 일일 것이다.
- '물가 억제'를 위해 정부가 취할 수 있는 수단 가운데 과연 어느 쪽이 더 합리적일까.

작은따옴표의 유혹을 느낄 때는 일단 붙이지 말고 읽어보자. 있어도 되고 없어도 되면 없는 것이 더 좋다. 작은따옴표가 많이 달리면 글이 호들갑스러워진다. 과유불급, 지나치면 문제다.

다음은 어느 학자가 신문에 기고한 글이다. 따옴표를 어느 대목에서 어떻게 사용할지를 독자 여러분이 고민하며 교정해보기를 권한다.

"조선민주주의인민공화국은 전체 조선 인민의 리익을 대표하는 자주적인 사회주의 국가이다." 이건 '사회주의 지상낙원'의 헌법 1조 문장이다. '사회주의'는 북한 헌법에 35회나 등장한다. 그런데 '사회주의'의 대척어인 '자본주의'는 남북한 헌법을 다 들춰봐도 단 한 번도 등장하지 않는다. 이유는 명쾌할 것이니 자본주의는 인간의 본성 따라 생겨났고 규정 없이도 작동하는 자연스러운 체제이기 때문이다. '인간의 얼굴을 한 자본주의'도 최소한의 제도 개입만 요구할 따름이다. 이에 비해 사회주의는 지속적 통제가 필요하다. 그래서 자본주의국가 대한민국의 헌법은 임시정부 시절부터 간단하다. '대한민국은 민주공화국이다'.

49

'화제'와 '눈길'을
강요하지 말라

'화제'나 '눈길' 같은 표현은 독자의 소매를 끌어당기며
호객행위를 하는 것이다. 좋은 글은 독자가 알아본다.

대중 매체는 독자들의 관심 주제이거나 알아야 할 사안 등을 보도
한다. 이건 미디어와 독자 간의 암묵적인 약속이자 기사 가치를 판단
할 때의 대전제다. 그래서 새삼스럽게 '~이라는 중요한 사항을 발표
했다'는 식의 군더더기를 넣을 필요가 없다. 중요하거나 눈길을 끄는
게 아니라면 보도하지 않아야 하기 때문이다.

글쓴이가 글에서 대놓고 홍보에 나서고자 '화제가 되고 있다', '인
기가 있다'고 하는 것은 독자의 소매를 끌어당기는 호객행위라 할 수
있다. **~해서 화제다(눈길을 끈다. 관심을 끈다. 주목된다)** 같은 유형의 어
구는 가급적 쓰지 않는 것이 좋다.

수정전 현직 검사가 자신의 SNS에 '검수완박'(검찰 수사권 완전 박탈)에 반대하는 장문의 글을 올려 화제다.

수정후 현직 검사가 자신의 SNS에 '검수완박'(검찰 수사권 완전 박탈)에 반대하는 장문의 글을 올렸다.

수정전 예산군이 천연기념물 황새 복원에 총력을 기울이고 있는 가운데 역사적 의미가 있는 장소에서 첫 번식이 이뤄져 화제가 되고 있다.

수정후 예산군이 천연기념물 황새 복원에 총력을 기울이고 있는 가운데 역사적 의미가 있는 장소에서 황새가 첫 번식을 했다.

수정전 코로나19 장기화로 불경기가 이어지고 있는 가운데 신규 분양 상업시설이 100% 분양 완판돼 눈길을 끌고 있다.

수정후 코로나19 장기화로 불경기가 이어지고 있는 가운데 신규 분양 상업시설이 100% 분양 완판됐다.

아래 예문에서도 모두 '눈길을 끈다'를 빼면 된다.

수정전 출판사가 헌책을 원래 값의 30~50%를 쳐주며 되사기로 해 눈길을 끈다.

수정후 출판사가 헌책을 원래 값의 30~50%를 쳐주며 되사기로 했다.

수정전 이번 뮤직비디오에서는 깊은 음색을 자랑하는 하동균의 감성적인 노래와 함께 그간에 공개되지 않았던 '비몽'의 영상이 공개돼 눈길을 끈다.

수정후 이번 뮤직비디오에서는 깊은 음색을 자랑하는 하동균의 감성적인 노래와 함께 그간에 공개되지 않았던 '비몽'의 영상이 공개됐다.

다음은 이런 유의 말을 제대로 사용한 경우다.

■ 우리 사회의 성性 가치관이 급속히 무너져 가면서 사회적 문제가 되고 있는 가운데 대학이 캠퍼스 순결서약 운동을 대대적으로 펼쳐 눈길을 끌고 있다.

■ 미국 뉴욕타임즈에 '강제개종 금지' 광고가 실려 눈길을 끌고 있다.

너무 흔한
'너무'

'너무'는 긍정적인 서술어와도 쓸 수 있다.
그러나 부정적인 의미의 문맥과 더 어울린다.

국립국어원의 표준국어대사전은 2015년 6월 **너무**의 뜻풀이를 '일정한 정도나 한계에 지나치게'에서 '일정한 정도나 한계를 훨씬 넘어선 상태로'로 바꿨다. 긍정적인 서술어와 어울려 쓸 수 없었던 '너무'가 긍정적인 서술어와도 어울려 쓸 수 있게 됐다. 현실적인 쓰임을 반영했다고는 하지만 악화惡貨가 양화良貨를 구축驅逐한 듯하다.

부사 **너무**의 본뜻은 '일정한 정도나 한계에 지나치게'이다. "이 여름은 너무 더워서 넋이 나갈 지경이지만 그렇다고 찬 것을 너무 많이 먹으면 배탈이 나니 조심해야 한다."라고 할 때의 **너무**는 바로 그런 뜻으로 쓴 사례이다. '너무 크다, 너무 어렵다. 너무 위험하다'와 같이 부정적인 의미가 따라올 때가 많다.

■ 아버지와 집에 단둘이 있을 때의 정적이 너무 힘들었다.

■ 체질이 냉한 사람은 너무 찬 음식을 먹으면 기초체온이 떨어진다.

■ 쓸 데는 많은데 수입은 적고 그나마 남은 돈도 투자하기엔 너무 적은 돈이라 생각해서 전혀 모으지 못하는 사람이 있다.

■ 시대를 앞서가는 것이 좋은 일일 때가 많지만, 너무 앞서가는 데는 문제가 있다.

요즘엔 너나없이 '너무'를 지나치게 자주 쓴다. '매우, 아주, 참, 정말, 무척, 더할 나위(수) 없이, 깊이' 따위가 모두 '너무'에 눌려 맥을 못춘다. 말할 때는 물론이고 글을 쓸 때도 그렇다.

수정전 너무 사랑해서 결혼하기로 했다.
수정후 정말 사랑해서 결혼하기로 했다.

수정전 화재 현장에서 불길 속으로 뛰어드는 소방관들을 보면 너무 자랑스럽다.
수정후 화재 현장에서 불길 속으로 뛰어드는 소방관들을 보면 매우 자랑스럽다.

51

'더 이상'은 없다

'더 이상'을 '더는' 혹은 '더'로 바꾸는 편이 좋다.

더 이상은 골치 아픈 어구다. 어법에 어긋난다고 주장하는 학자가 많다. 아무도 '덜 이하'를 쓰지 않듯이 일정한 수준이나 양을 초과함을 나타내는 '이상'에 '더'를 붙이는 것은 당치 않다고 주장한다. **더 이상**은 '더, 더는'을 비롯한 다른 말로 바꾸거나 아예 빼는 게 좋을 때가 많다. 제대로 쓴 예문을 보자.

- 갈증을 해결한 사람은 더는 우물이 필요하지 않아 냉큼 등을 돌린다.
- 오미크론의 급속한 확산에도 정부는 사회적 거리두기 등 방역조치를 더는 강화하지 않겠다는 입장이다.
- 책을 버리는 것은 꽤 고통스러운 일이다. 주인의 눈에야 양서 아닌

것이 없으니 어느 것을 남기고 어느 것을 보낼지 판단하기 쉽지 않다. 결국에는 오래된 것부터, 더는 안 읽을 것을 차례로 골라낸다.

■ 국가안보와 국민을 위해 평생을 바쳐온 국가정보원 전직 직원들은 무너지고 있는 대한민국 안보를 더는 방치할 수 없다는 우국충정에서 이렇게 나섰습니다.

그러나 언어 현실에서는 **더 이상**을 즐겨 쓴다. 습관이 돼서 자연스럽게 느껴진다. 뭐가 잘못됐는지도 모른다. 사례는 많다.

① '더 이상'을 빼면 된다. '더 설명할 필요가 없다'로 구문을 고치든지.
수정전 해리 포터 시리즈는 <u>더 이상</u> 구구한 설명이 필요 없다.
수정후 해리 포터 시리즈는 구구한 설명이 필요 없다.

② '더 이상'을 빼거나 맥락에 맞추어 '이제는'으로 고치는 것이 좋다.
수정전 수영을 마친 후 매점에서 우유를 하나 사 들고 가 그곳에서 휴대전화도 보고 좋은 날씨도 느끼며 한숨 돌리는 것이 작은 행복이었는데 <u>더 이상 의자가 없으니</u> 정원 바깥쪽에 있는 큼지막한 돌에 엉거주춤 앉아 있다가 곧 일어섰다.
수정후 수영을 마친 후 매점에서 우유를 하나 사 들고 가 그곳에서 휴대전화도 보고 좋은 날씨도 느끼며 한숨 돌리는 것이 작은 행복이었는데 <u>이제는 의자가 없으니</u> 정원 바깥쪽에 있는 큼지막한 돌에 엉거주춤 앉아 있다가 곧 일어섰다.

52

조금은
'덜 개인적'으로

글쓰기와 말하기는 필자와 화자의 생각을 드러내는 행위이다.
주어를 생략하는 것이 보통이다.
보거나 듣는 사람이 누구의 말인지 분명하게 알기 때문이다.

모든 개념이나 낱말에는 대립 개념과 맞서는 말이 있다. 그림자에 비유한다면, 어떤 말들은 유난히 그림자가 짙다. 즉, 항상 대립어를 떠올리게 한다.

그런 것 중 하나가 **개인적**이다. 아마 조건반사처럼, 거의 무의식적으로 '집단, 전체, 조직, 공공' 같은 개념이 당신의 언어 중추를 스쳐 갈 것이다. 말을 만들 때도 마찬가지다.

① '개인적으로' 생각하는 수학과 '일반적으로' 보는 수학을 구분했다.

■ 수학계의 노벨상이라고 불리는 필즈상을 받은 허준이 교수는 "개인적으로 수학은 저 자신의 편견과 한계를 이해해 가는 과정이고, 좀 더 일

반적으로는 종_種이 어떤 방식으로 생각하고 또 얼마나 깊게 생각할 수 있는지 궁금해 하는 일"이라고 말했다.

② 후원금, 학교 예산이라는 '공식적인 돈'과 '개인적으로'가 대비된다.
■ A씨는 2016년부터 지난해 초까지 인천 지역의 한 고교 야구부 감독으로 일하면서 후원금과 학교 예산 8000만 원을 빼돌려 개인적인 용도로 쓴 혐의로 기소됐다.

③ 금융감독원장으로서가 아니라 개인 자격으로 의견을 밝힌다는 것을 강조했다.
■ 금융감독원장은 최근 외환위기 재발설과 관련, "1997년 외환위기 이후 10년간 구조조정을 많이 했고, 기반을 닦았기 때문에 개인적으로 외환위기 가능성은 없다고 생각한다"고 밝혔다.

문제는, 쓸데없이 **개인적**을 넣는 경우가 많다는 점이다. 이는 개인의 언어 습관일 수도 있고 발언이 문제가 됐을 때 책임을 모면하기 위한 조치일 수도 있다. '논리적으로 설명하기 어렵지만', '언뜻 생각하기에', '중론과 다를 수 있지만', '다른 사람이 동의할지 모르지만' 등의 뜻을 담고 있다. 아래 예문을 보자.

④ 대립 관계가 전혀 없는 맥락이어서 어색하다. '개인적으로'를 빼자.
수정전 와이프 덕분에 유명한 버거를 처음 먹어 봤다. 명성에 어울리게

맛은 훌륭하다. 가격이 너무 비싸 <u>개인적으로</u> 사 먹을 일은 없겠다.

수정후 와이프 덕분에 유명한 버거를 처음 먹어 봤다. 명성에 어울리게 맛은 훌륭하다. 가격이 너무 비싸 사 먹을 일은 없겠다.

⑤ 집단적으로는 재미없다는 뜻일까? 조심스럽게 의견을 말할 때 '개인적으로'를 쓰는 경향이 있으나 빼는 편이 좋다.

수정전 H씨는 인터뷰에서 "<u>개인적으로</u> 예능 프로그램이 아주 재미있고 편하다."라고 하며 자신은 예능 프로그램과 궁합이 잘 맞는다고 털어놨다.

수정후 H씨는 인터뷰에서 "예능 프로그램이 아주 재미있고 편하다"며 자신은 예능 프로그램과 궁합이 잘 맞는다고 털어놨다.

⑥ 소감, 경험 등은 대부분 '개인적'인 것이다.

수정전 청춘을 한 오케스트라에 온전히 바친 그에게 <u>개인적인</u> 소망을 물었다. 그는 "개인적 욕심은 없다."라고 말했다.

수정후 청춘을 한 오케스트라에 온전히 바친 그에게 소망을 물었다. 그는 "개인적 욕심은 없다."라고 말했다.

53

모처럼만에
우연찮게

'모처럼' 자체가 '아주(일껏) 오래간만에',
'벼르고 별러서 처음으로'라는 뜻이니
'만에'를 덧댈 필요가 전혀 없다.

■ LG가 모처럼만에 공격 야구를 선보이며 4연패 늪에서 헤어났다.

■ 모처럼만에 비가 온 뒤 회룡포는 가을의 끝을 향해 가고 있습니다.

모처럼만에는 **오래간만에**와 **모처럼**을 섞어 만든 듯한 말이다. 부사인 **모처럼** 자체가 '아주(일껏) 오래간만에, 벼르고 별러서 처음으로'란 뜻이니까 '만에'를 덧댈 필요가 전혀 없다. 덧대면 '오래간만에 만에'가 된다. 언제나 **모처럼**만 써야 한다. **모처럼**은 "모처럼의 긴 휴식을 맞아 해외로 여행을 떠나는 사람이 많다", "모처럼의 간청을 거절할 수가 없었다"에서처럼 명사적으로도 쓴다.

우연찮게는 '모처럼만에'보다 사용이 까다롭다.

■ 우연찮게 직장에서 쫓겨나면서 쥐꼬리처럼 작은 생활비 때문에 아내의 구박에 시달리게 된다.

■ 우리는 우연찮게 어디를 가고, 누군가를 만납니다.

우연찮다는 '우연하지 아니하다'의 준말이다. '우연하게'라는 뜻으로 '우연찮게'를 사용할 경우에는 '우연하게'나 '우연히'로 바꾸자.

국립국어원의 표준국어대사전 웹 사이트에도 **우연찮다**가 등재됐다. '꼭 우연한 것은 아니나 뜻하지도 아니하다'라는 아리송한 풀이를 달고서. 한글학회의 《우리말 큰사전》은 **우연찮다**를 '우연하지 아니하다'라고 설명하고 있다. 그러나 예문으로 든 "비밀이 우연찮게 드러났다"를 '비밀이 드러난 게 우연한 일만은 아니었다'는 뜻으로 썼는지, '우연히 드러났다'는 말을 하려 했는지가 명확하지 않다.

많은 사람이 '우연찮다=우연하다'로 알고 있는데, 일부 사전에선 '우연하지 아니하다'의 뜻으로 풀이하고 있으니 헷갈린다. 어떻게 해야 할까? 이럴 때는 '생각은 복잡하게, 결론은 단순하게'의 원칙을 적용하는 게 좋다. 우연한 일이라고 말하고 싶다면 '-찮다'를 달지 말고 그냥 '우연하다'를 쓰자. 우연한 일이 아닌 경우에도, 모호한 '우연찮다'를 써서 착오의 가능성을 남기지 말고 '우연하지 않다', '우연한 일이 아니었다'라고 풀어 쓰든지 아예 다르게 표현하자. 글은 언제나 명확해야 한다.

54

유행어·신조어는 한철

유행어에는 유머와 재치가 녹아 있다.
그러나 많이 쓰면 글의 품위가 떨어진다.
글이 가벼워진다.

유튜브와 핸드폰에서만 통용되는 언어가 있다. 어설프게 기웃댔다가는 이해하지 못해 당황하기 쉽다. 이런 사람들을 위해 신문에 유행어를 설명하는 기사가 등장할 정도다. 감각적이고, 톡 쏘는 느낌의 언어유희는 상큼하다. 그러나 지나칠 때가 있다. 너무 압축하거나 비틀면 원래의 맛이 온데간데 없어진다. 뜻을 짐작하기도 쉽지 않다.

2023년 언론 기사에서는 '이대남', '이대녀'가 자주 등장했다.

■ 얼마 전 20대 남성들이 자주 찾는다는 한 인터넷 커뮤니티에 '이대녀들 코로나 이후 삶의 질이 이대남보다 낮아진 이유'라는 글이 올라왔다.

■ 방탄소년단 병역 특례를 두고 국방부가 여론조사로 결론을 내리겠다

고 하자 이대남들의 반발이 거세다.

예문의 **이대남**, **이대녀**는 이대梨大와 전혀 관련이 없다. 20대 남자, 20대 여자를 줄인 말이다. 줄임말을 이해하지 못하면 뜻이 통하지 않는다. 줄임말은 함축적으로 의미를 전달한다. 휴대전화 메시지, SNS나 인터넷 채팅 등 제한된 공간에서 메시지를 효율적으로 전할 수 있어 경제적이다.

한편, 부동산 가격 폭등이 사회 문제가 되면서 이와 관련된 줄임말이 많이 등장했다.

■ 지난해 2030세대의 아파트 매입 비중이 조사 이래 최대치로 치솟았다. 2030세대는 '영끌(영혼까지 끌어모음)' '빚투(대출로 투자)' 등이라 불리는 대출을 통해 집을 구매했다.
■ '영끌족' 고난의 행군이 시작될 전망이다. 주담대(주택담보대출) 금리가 올해에만 0.8%포인트 오르는 등 금리 상승이 이어지고 있어서다.

영끌은 '영혼까지 끌어 모은다'의 줄임말이다. '영끌족', '영끌 대출', '영끌 투자' 등으로 사용된다. 할 수 있는 모든 수단을 동원해 대출을 받아 부동산이나 주식에 투자하는 것을 '빚투'라고 한다. 빚내서 투자한다는 뜻이다.

■ LG엔솔이 상장과 동시에 SK하이닉스를 제치고 코스피 시가총액(시

총) 2위를 차지했다. 그러나 기대에는 못 미쳤다. 시초가는 공모가(30만 원)의 거의 두 배인 59만 7000원으로 결정됐지만 따상에는 실패했다.

따상은 공모가의 두 배로 시초가를 형성한 뒤 상한가(30%)까지 오르는 것을 말한다. 주식 거래를 하는 사람뿐만 아니라 일반인들에게도 친숙한 단어가 됐다.

줄임말은 일상생활에 널리 퍼져 있다. 아메리카노 커피를 주문할 때 '아아(아이스 아메리카노)', '뜨아(뜨거운 아메리카노)'로 말하는 것이 자연스럽다. '얼죽아(얼어죽어도 아이스 아메리카노)'라는 신조어도 있다. 이를 알아듣지 못하면 외계인 취급을 받는다. '맛점(맛있는 점심)', '노잼(재미가 없다)', '심쿵(심장이 쿵하고 내려 앉을 정도로 놀라거나 설렌다)', '솔까말(솔직히 까놓고 말해서)' 등의 단어는 40~50대도 즐겨 사용한다.

사자성어를 본 뜬 줄임말도 있다. '누죽걸산(누우면 죽고 걸으면 산다)'은 걷기의 중요성을, '나죽집산(나가면 죽고 집에 있으면 산다)'은 코로나 19 시대에 방역의 중요성을, '복세편살(복잡한 세상 편하게 살자)'은 마음 편하게 사는 것이 중요하다는 것을 강조한다.

줄임말, 유행어, 신조어는 시대상을 반영한다. 유머와 재치가 녹아 있다. 사안의 핵심을 콕 집어 쉽게 전달하는 역할도 한다. 그러나 자칫 그것을 모르는 사람을 소외시킬 수 있다. 문장은 경쾌해지지만 품위·품격은 떨어질 수 있다. 품격 있는 글이 오래 간다.

배려하는 마음 가져야

우리가 일상적으로 사용하는 표현 가운데
다른 사람을 비하하거나 차별하는 언어가 많다.

초보자를 어린이에 빗댄 신조어가 널리 쓰인다. 주린이(주식+어린이), 부린이(부동산+어린이), 골린이(골프+어린이)…. 국가인권위원회는 **〜린이**라는 표현이 아동을 비하하는 표현이며, 무분별하게 사용해서는 안 된다는 입장을 밝혔다. 아동을 권리의 주체이자 특별한 보호와 존중을 받아야 하는 독립적 인격체가 아니라 미숙하고 불완전한 존재로 인식한 결과라는 취지이다.

60년 전통의 '한국여기자협회'가 2021년 '한국여성기자협회'로 이름을 바꿨다. 회원들이 **여기자**가 차별적인 단어라며 문제를 제기해 **여성기자**로 대체했다.

여의사, 여배우, 여교사, 여군, 여경, 여직원, 여대생…. '여'자를 넣어 여성임을 밝히는 단어가 적지 않다. 여성과학자, 여성 산악인, 여성 대변인, 여성 운전자, 여류 문학가, 여류 화가 등 '여성', '여류'가 들어가는 말도 적지 않다. 남자와 여자가 같은 일을 하는데도 굳이 여자에게만 '여, 여자, 여성' 등을 붙이는 것은 성차별적 표현이라는 지적이 나온다. 굳이 성별을 드러낼 필요가 없는 경우에는 '여, 여자, 여성' 등을 붙이지 않는 것이 바람직하다. '남의사, 남배우, 남과학자' 등의 말을 쓰지 않는 것처럼.

■ 아무도 밟지 않은 처녀림 속으로 들어갔다.

■ 그는 문단에 화제를 불러일으켰던 처녀작 이후 별다른 후속 작품을 내놓지 못했다

예문의 처녀림處女林은 사람이 손을 대지 아니한 자연 그대로의 산림을 뜻한다. 처녀작處女作은 처음으로 지었거나 발표한 작품을 말한다. 처녀는 결혼하지 않은 성년 여자를 가리키는 말이다. 순수하고 깨끗하다는 의미에서 '처녀'란 말이 '처음' 또는 '첫'의 뜻으로 다른 낱말과 결합해 쓰인다. 처녀출판, 처녀출전, 처녀비행, 처녀등반 등이 그런 예다. 이런 단어는 '첫 작품'처럼 '첫'을 넣어서 부르는 편으로 바꾸는 것이 좋다.

■ 친정 부모는 딸이 시집 갈 때 '귀머거리 3년, 장님 3년, 벙어리 3년'으로 살아야 한다고 가르친다. 시집간 딸은 친정 부모의 가르침에 따

라 시집에서 벙어리 행세를 하며 살아간다. 이 설화는 우리 사회에서 며느리로 살아가는 것이 얼마나 힘든가를 잘 보여주고 있다.

■ 정부·여당의 카드 가맹점 수수료 인하 결정을 앞두고 신용카드사들이 벙어리 냉가슴을 앓고 있다.

차별·비하 의미가 포함된 단어를 사용하지 않도록 주의해야 한다. 귀머거리(→청각장애인), 벙어리(→언어장애인), 장님·봉사(→시각장애인), 절름발이, 양코배기, 검둥이, 튀기 등이 그런 단어다.

습관적으로 또는 대체할 말이 없어 타인을 비하하는 차별적 언어를 쓰는 경우가 많다. 단어의 의미를 잘 새겨 사용하자. 단어를 선택하는 과정에서 상대방을 얼마나 배려하는지가 드러난다.

작가 황승택은 혈액암 투병에 이어 급성중이염으로 42세에 청력을 잃었다. 인공와우 수술을 받아 청력의 80%를 회복했다. 그는 청력을 잃고서야 비로소 '차별의 소리'를 듣게 되었다고 강조한다.

"화농성 중이염이 빼앗아 간 것은 단순한 신체 기능이 아니라 타인 혹은 외부와 내가 연결돼 있다는 소속감이었다. … 청인을 기준으로 설계된 이 세상에 속할 수 없는 부적격자가 된 것 같은 절망감에 휩싸였다."

– 황승택, 《다시 말해 줄래요?》(민음사, 2022)에서

글은 여운을 남겨야 한다

'뒷모습은 정직하다. 뒷모습에 진실이 있다'는 말이 있다. 헤어질 때, 끝날 때의 느낌이 중요하다. 영화의 마지막 장면은 관객의 머릿속에 오래 남는다. 글쓰기도 다르지 않다. 어떻게 마무리하느냐에 따라 전체 인상이 좌우된다. 끝내야 할 시점을 아는 것이 중요하다. 첫 문장을 고민하는 만큼 끝맺음에도 신경을 쓰자.

시작이 있으면 끝이 있는 법이다. 할 말을 다 했으면 글을 끝내야 한다. 끝날 듯하면서도 이야기가 이어질 때 독자는 지루해 하고 짜증을 낸다. 초등학교 시절 교장 선생님의 훈시, 결혼식에서의 주례사, 목사님의 설교를 생각해 보자. 말을 하는 사람은 신바람이 나 있을지 몰라도 듣는 사람은 끝나기만을 고대한다. 박수받을 때 떠나라!

당신이 애초에 하려던 일을 다 끝내면, 거기서 끝내라. 작별 인사를 열여섯 번이나 하느라 문간에 서성이는 일은 없도록 하라.

마지막 문장을 보면서 스스로에게 "이 문장을 지우면 독자들이 무엇을 잃게 될까?"라고 물어보라. 만약에 그 대답이 "아무것도 없어"라거나 "모르겠는걸"로 되면 그 문장을 지워라. 그 다음 문장, 또 그 앞의 문장을 놓고 차례로 같은 질문을 던져보라.

– 개리 프로보스트, 《전략적 글쓰기》에서

언제 끝낼까? 새로운 팩트가 없으면 글을 끝내야 한다. '다시 말해서', '거듭 강조하면', '결론적으로 말하면' 등의 문구가 나오면 때가 됐다고 봐야 한다. 했던 말을 반복한다고 의미가 강조되는 것이 아니다. 사족이 될 뿐이다.

마지막 문장이나 단락은 독자가 아쉬움을 갖도록 하는 것이 좋다. 독자들이 지금까지의 이야기를 돌아보면서 음미하는 여유를 갖도록 해야 한다. 굳이 진지해야, 길어야 할 필요가 없다. 현실은 그렇지 않을 때가 많다. 상투적인 문구를 동원함으로써 식상하게 느끼도록 한다. 기사에 자주 등장하는 표현 가운데 예로 들면 이런 것들이다. '어떤 대책을 내놓을지 귀추가 주목된다', '~가 필요한 것으로 보인다', '경찰은 운전사 등을 대상으로 사고 경위를 조사하고 있다'….

좋은 마지막 문장은 그 자체로 독자에게 감동과 여운, 즐거움을 준다.

참고
문헌

강원국, 《대통령의 글쓰기》, 메디치미디어, 2014.

개리 프로보스트(정명진 옮김), 《전략적 글쓰기》, 부글북스, 2008.

바버라 베이그(박병화 옮김), 《하버드 글쓰기 강의》, 에쎄, 2011.

백우진, 《글은 논리다》, 필맥, 2011.

샌프란시스코작가집단 GROTTO(라이언 옮김) 《글쓰기 더 좋은 질문 712》, 큐리어스, 2022.

스탠리 피시(오수원 옮김), 《문장의 일》, 윌북, 2019.

스티븐 킹(김진준 옮김), 《유혹하는 글쓰기》, 김영사, 2002.

어슐러 K. 르 귄(김지현 옮김), 《글쓰기의 항해술》, 황금가지, 2010.

오정국, 《미디어 글쓰기》, 아시아, 2013.

윌리엄 진서(이한중 옮김), 《글쓰기 생각쓰기》, 돌베개, 2007.

이건호, 《언론 글쓰기, 이렇게 한다》, 한울아카데미, 2017.

이배영 외 4인, 《멋진 편집 좋은 신문》, 한울아카데미, 2010.

이재경·송상근, 《기사 작성의 기초》, 이화여자대학교출판문화원, 2018.

임철순 외 8인, 《내가 지키는 글쓰기 원칙》, 이화여자대학교출판부, 2013.

장진한, 《글, 절대로 그렇게 쓰지 마라》, 행담, 2013.

Brian S. Brooks·Beverly J. Horvit, Daryo R. Moen, 《News Reporting & Writing(13th E)》, (Boston, bedford/st.martin's), 2019.

Carole Rich, 《Writing and Reporting News(8th E)》, (Boston, Cengage), 2016.

첫 문장부터 퇴고까지
글쓰기 꼬마 참고서

초판 1쇄 발행 2023년 12월 27일
초판 2쇄 발행 2024년 1월 3일
지은이 김상우
펴낸이 최용범
편집기획 박승리
디자인 김규림
관리 이영희
인쇄 ㈜다온피앤피

펴낸곳 페이퍼로드
paperroad
출판등록 제10-2427호(2002년 8월 7일)
주소 서울시 동작구 보라매로5가길 7 1322호
이메일 book@paperroad.net
페이스북 www.facebook.com/paperroadbook
전화 (02)326-0328
팩스 (02)335-0334
ISBN 979-11-92376-32-5 (03700)

이 책은 《글쓰기 공포 탈출하기》(2013, 페이퍼로드)의 개정증보판입니다.